U0069915

狄膺日記

1951

下冊

The Diaries of Ti Ying（Diffoutine Yin）

1951

- Section II -

狄　膺　原著

王文隆　主編

民國日記｜總序

呂芳上
民國歷史文化學社社長

人是歷史的主體，人性是歷史的內涵。「人事有代謝，往來成古今」（孟浩然），瞭解活生生的「人」，才較能掌握歷史的真相；愈是貼近「人性」的思考，才愈能體會歷史的本質。近代歷史的特色之一是資料閎富而駁雜，由當事人主導、製作而形成的資料，以自傳、回憶錄、口述訪問、函札及日記最為重要，其中日記的完成最即時，描述較能顯現內在的幽微，最受史家重視。

日記本是個人記述每天所見聞、所感思、所作為有選擇的紀錄，雖不必能反映史事整體或各個部分的所有細節，但可以掌握史實發展的一定脈絡。尤其個人日記一方面透露個人單獨親歷之事，補足歷史原貌的闕漏；一方面個人隨時勢變化呈現出不同的心路歷程，對同一史事發為不同的看法和感受，往往會豐富了歷史內容。

中國從宋代以後，開始有更多的讀書人有寫日記的習慣，到近代更是蔚然成風，於是利用日記史料作歷史

研究成了近代史學的一大特色。本來不同的史料，各有不同的性質，日記記述形式不一，有的像流水帳，有的生動引人。日記的共同主要特質是自我（self）與私密（privacy），史家是史事的「局外人」，不只注意史實的追尋，更有興趣瞭解歷史如何被體驗和講述，這時對「局內人」所思、所行的掌握和體會，日記便成了十分關鍵的材料。傾聽歷史的聲音，重要的是能聽到「原音」，而非「變音」，日記應屬原音，故價值高。1970 年代，在後現代理論影響下，檢驗史料的潛在偏見，成為時尚。論者以為即使親筆日記、函札，亦不必全屬真實。實者，日記記錄可能有偏差，一來自時代政治與社會的制約和氛圍，有清一代文網太密，使讀書人有口難言，或心中自我約束太過。顏李學派李塨死前日記每月後書寫「小心翼翼，俱以終始」八字，心所謂為危，這樣的日記記錄，難暢所欲言，可以想見。二來自人性的弱點，除了「記主」可能自我「美化拔高」之外，主觀、偏私、急功好利、現實等，有意無心的記述或失實、或迴避，例如「胡適日記」於關鍵時刻，不無避實就虛，語焉不詳之處；「閻錫山日記」滿口禮義道德，使用價值略幾近於零，難免令人失望。三來自旁人過度用心的整理、剪裁、甚至「消音」，如「陳誠日記」、「胡宗南日記」，均不免有斧鑿痕跡，不論立意多麼良善，都會是史學研究上難以彌補的損失。史料之於歷史研究，一如「盡信書不如無書」的話語，對證、勘比是個基本功。或謂使用材料多方查證，有如老吏斷獄、法官斷案，取證求其多，追根究柢求其細，庶幾還

原案貌，以證據下法理註腳，盡力讓歷史真相水落可石出。是故不同史料對同一史事，記述會有異同，同者互證，異者互勘，於是能逼近史實。而勘比、互證之中，以日記比證日記，或以他人日記，證人物所思所行，亦不失為一良法。

從日記的內容、特質看，研究日記的學者鄒振環，曾將日記概分為記事備忘、工作、學術考據、宗教人生、游歷探險、使行、志感抒情、文藝、戰難、科學、家庭婦女、學生、囚亡、外人在華日記等十四種。事實上，多半的日記是複合型的，柳貽徵說：「國史有日歷，私家有日記，一也。日歷詳一國之事，舉其大而略其細；日記則洪纖必包，無定格，而一身、一家、一地、一國之真史具焉，讀之視日歷有味，且有補於史學。」近代人物如胡適、吳宓、顧頡剛的大部頭日記，大約可被歸為「學人日記」，余英時翻讀《顧頡剛日記》後說，藉日記以窺測顧的內心世界，發現其事業心竟在求知慾上，1930 年代後，顧更接近的是流轉於學、政、商三界的「社會活動家」，在謹厚恂恂君子後邊，還擁有激盪以至浪漫的情感世界。於是活生生多面向的人，因此呈現出來，日記的作用可見。

晚清民國，相對於昔時，是日記留存、出版較多的時期，這可能與識字率提升、媒體、出版事業發達相關。過去日記的面世，撰著人多半是時代舞台上的要角，他們的言行、舉動，動見觀瞻，當然不容小覷。但，相對的芸芸眾生，識字或不識字的「小人物」們，在正史中往往是無名英雄，甚至於是「失蹤者」，他們

如何參與近代國家的構建，如何共同締造新社會，不應該被埋沒、被忽略。近代中國中西交會、內外戰事頻仍，傳統走向現代，社會矛盾叢生，如何豐富歷史內涵，需要傾聽社會各階層的「原聲」來補足，更寬闊的歷史視野，需要眾人的紀錄來拓展。開放檔案，公布公家、私人資料，這是近代史學界的迫切期待，也是「民國歷史文化學社」大力倡議出版日記叢書的緣由。

狄膺日記導言

王文隆
南開大學歷史學院副教授

一、狄膺生平

　　狄膺（1896-1964），江蘇省太倉縣璜涇鎮人，為溧陽（舊稱平陵）胥渚狄氏之衍族，原名福鼎，字君武，自號邃思齋主、平常老人，1896 年 1 月 3 日（光緒 21 年 11 月 19 日）生於璜涇鎮，為長子，上有一姐穎芬，下有福震、福晉、福豫三弟，育有原滄（字公望）、原溟（字寧馨）二子。[1] 曾祖父狄勳為生員，嗣祖父狄本仁為國學生，生祖父狄景仁業儒，太平天國之亂後改執棉布業，父親狄為璋曾舉太倉州學秀才第一，上海龍門師範學堂文科卒業，時為私塾老師，後任小學教員及校長，母親陸藏貞。先生五歲認字，1906 年（光緒 32 年）改入高等小學，1908 年（光緒 34 年）冬考入龍門師範學堂，在學五年期間，經歷了辛亥革命，該校改名為江蘇省立第二師範學校，1914 年畢業後，至崑山縣第二高小任教達一年半。[2]

1　狄膺，〈十載追思〉，狄君武先生遺稿整編小組編，《狄君武先生遺稿》（臺北：中國國民黨黨史史料編纂委員會，1965），頁10；平陵狄氏宗譜續家譜編修工作組，《平陵狄氏宗譜》（北京：家屬自印，2018），頁19。

2　狄膺，〈狄膺自傳〉，狄君武先生遺稿整編小組編，《狄君武先生

1916 年，先生以國學特別優長，考入北京大學哲學系，名列第八。羅家倫回憶道：

> 狄君武先生與我相識遠在 1917 年北京大學西齋 4 號房間。這號房間裡共住 4 人，為傅孟真、顧頡剛、周烈亞、狄君武。我因為同孟真、頡剛都對文學革命運動有很大的興趣，故常到 4 號商討編撰和出版《新潮》問題。君武此時雖在哲學系，卻愛好「選學」，常常填詞作曲以就正於黃季剛、吳瞿安兩先生。烈亞則治佛學，後來做西湖某大叢林的住持。「道並行而不相悖」，正是當時的氣氛。[3]

1919 年，五四運動爆發，許多知識青年紛紛走上街頭抗爭，也有許多學生被捕入獄。羅家倫也回憶與狄膺參與的一段：

> 到了「五四」運動發生的時候，波濤洶湧，君武見外患日迫，軍閥專橫，於是一變其文人積習，而投身於此一運動。如營救五四到六三間陸續被捕之同學一幕，他和我在晚間帶了些食品和內衣等到警察廳內的看守所去「探監」。一進廳門，衛兵均以刺刀相向。我要和他一道進去，他力阻我同去。他說：「他們認得你，不認得我。」又說：「你會同

他們爭執，讓我單獨去罷！」我不肯，終於同進去。他以和善口吻，說太倉人學講的北京話，對方看他是一個十足的文弱書生，態度也就和緩下來了。這是他在「秀才遇到兵」的場合中，能應變的一幕。以後幾次類似的交涉，同學們都推他去辦。[4]

可見狄膺在學潮中之處事應對得當，分寸拿捏得宜。

1919 年夏天畢業後，狄膺回到江蘇省立第二師範母校任教，次年 1 月與任教於小學的顧瑛（字綴英）結婚。1921 年 7 月，狄膺響應吳稚暉的號召，參加勤工儉學行列，赴法就學於中法大學研究院為特別生，並於留法期間加入中國國民黨。1925 年冬因父親重病，自法歸國甫一個月，父親便過世。1926 年夏赴廣州，供職於國民黨中央政治會議祕書處，和葉楚傖共事，自此參與黨政工作。1927 年，南京國民政府建立後，歷任國民黨南京市黨部宣傳部部長、國民黨江蘇省黨部指導委員。1931 年 10 月起任立法委員，後於 1933 年與 1935 年連任。黨務工作方面，1935 年，他當選為國民黨第五屆候補中央監察委員。1938 年，任國防最高委員會第三處處長。1942 年 12 月，任國民黨中央執行委員會副祕書長。[5] 1945 年，任國民黨第六屆中央執行委員、中央監察委員會祕書長。抗戰勝利後，當選為制憲國民大會代表。1947 年，任中央政治委員會委員。

4　羅家倫，〈前言〉，頁 1。

5　狄膺，〈狄膺自傳〉，頁 3-4。

1948 年，在戶籍地以三十萬票高票當選為第一屆立法
委員。1949 年，國共內戰局勢丕變，自成都經海口遷
至臺灣，妻子滯留南京，原滄、原溟兩兒滯留北平，分
別就讀北大與清華，狄膺孤身一人赴臺，血親僅二房姪
長女狄原湛和其夫婿施文耀來臺。1950 年，任國民黨
中央改造委員會紀律委員會副主任委員。1952 年，改
任黨史史料編纂委員會副主任委員，為主委羅家倫之副
手，並為國民黨中央第七至九屆中央評議委員。黨史史
料編纂委員會副主任委員一職可謂閒缺，加以立法委員
之收入，生活大抵無虞，然因家人皆不在身邊，家無
定居，食無定所。[6] 或因他在臺孤身一人，經常出外遊
覽，對於同鄉活動參與頗多，對後進照顧亦深。1955
年 6 月中，因糖尿病引發眼底視網膜血管破裂，左眼失
明，目力漸衰，以單一目視，書寫行斜字歪。[7] 狄膺入
臺北廣州街中心診所診治，後送至聯勤醫院，醫師吳靜
稱他有六病，一齒、二腰、三糖尿、四慢性膽囊炎、五
眼翳障、六機能性腦血管痙攣，身體狀況惡劣，這使得
他在 1955 年 4 月至 6 月及 1955 年 7 月至 9 月兩冊日
記的封面，特別寫上了「病」字。[8] 身體漸弱後，他鮮
少應允外界題字的請託，然于右任於 1958 年在臺北復

6　〈狄膺先生事略〉，國史館編，《國史館現藏民國人物傳記史料
　　彙編》，第 11 輯（臺北：國史館，1994），頁 137-138。

7　狄膺，〈除夕歲前短語〉，狄君武先生遺稿整編小組編，《狄君武
　　先生遺稿》，頁 84；狄膺，〈學書自敘〉，狄君武先生遺稿整編
　　小組編，《狄君武先生遺稿》，頁 87。

8　狄膺，《遽思齋日記》，1955 年 6 月 29 日，《狄膺檔案》，中國
　　國民黨黨史館藏，檔號：膺 1317.25。

辦粥會，該會以「閒話家常，笑談古今」為宗旨，洽合
先生寓於詩文的雅緻，故積極參與，並於次年粥會欲置
辦會所時，勉力提筆，鬻字贊助，協助集資。[9]

　　先生晚年困於糖尿病，身體欠佳，不僅視力受損，
且患有慢性腹瀉，1962 年清明節前遊歷新竹，返家發
現右肢麻木，口不能言，驚覺中風，送榮民總醫院緊急
救治，而後時臥病榻，至 1964 年 3 月 15 日因感染肺炎
辭世，享年七十歲。[10] 狄膺過世後，因無家人在臺，全
由國民黨中央協助照料後事並舉辦公祭，出席者二千餘
人，同年 6 月 28 日，葬於新竹市青草湖畔靈隱寺旁自
擇墓地。限於兩岸政治分隔，狄膺墓地由姪女一家維
護，狄膺直系子孫直到兩岸和緩後，才獲准赴臺祭掃。

二、《狄膺日記》的來由

　　狄膺生前最終黨職為黨史會副主委，因他的直系親
屬都滯留大陸，其後事全由黨部同仁操辦，在兩岸敵對
的大環境下，狄膺身後遺留的財產與負債僅能由中央黨
部代為處理。為此，黨部特別組織狄膺先生遺物委員
會，由時任交通部政務次長的張壽賢為主席，除邀請黨
部相關單位派員參與之外，亦邀請姪女婿施文耀為家屬
代表出席。委員會決定狄膺遺產中，收支絀餘扣除應納
稅款以及親友積欠後贃下近二萬二千元新臺幣移作治喪
費用，豁免狄膺積欠黨部與黨史會的近五萬元，協助出

9　〈重建粥會聚會所　狄膺鬻字籌款〉，《中央日報》，1959 年 9 月
　　27 日，第五版。
10 杜負翁，〈悼狄膺〉，《中央日報》，1964 年 3 月 19 日，第六版。

售金華街房產之剩餘部分填入治喪款中，鋼筆、輓聯及
私人用具交施文耀收存，另密函狄夫人報喪，並收得狄
夫人回函。[11] 中央公教人員保險金的出險部分，匯存香
港上海銀行，以狄夫人名義存入，曾成功匯撥一筆三百
港幣進入大陸。或因大陸當時政治氣氛影響，後狄夫人
來信關切出售房產之剩餘，並告以暫緩匯款。[12] 依照委
員會決議，實體文物由黨史會史庫收存，納為館藏，包
括狄膺之日記、家譜、賬本、金石、相簿、文件、圖書
等。在狄膺先生遺物委員會的紀錄中，雖稱接獲狄夫人
來函，但文件中未見存檔，然從狄夫人曉得狄膺之房產
處置以及保險金收取等事推斷，委員會之決議狄夫人理
應知情，而委員會中亦有姪女婿代表家屬發言，對於委
員會的決定也應知曉。大陸歷經多次政治運動與文化大
革命的動盪，狄家因狄膺為國民黨高級幹部，也多受牽
連。狄夫人於 1978 年辭世。狄原滄、原溟二子，自從
兩岸開放之後，才得赴臺祭掃，並多次去函國民黨表達
取回狄氏家譜，以及部分私人物品、照片、金石的願
望，然皆未果。

　　筆者自 2012 年 10 月接任中國國民黨文傳會黨史館
主任，在史料庫房搬遷完竣之後，恢復資料開放，也將

11 「狄君武先生遺物處理委員會第一次會議」（1964 年 4 月 21 日），
　　《狄膺檔案》，中國國民黨黨史館藏，檔號：膺 685-2；「狄君武
　　先生遺物處理委員會第五次會議」（1964 年 9 月 11 日），《狄
　　膺檔案》，中國國民黨黨史館藏，檔號：膺 685-6。
12 「狄君武先生遺物處理委員會第四次會議」（1964 年 9 月 11 日），
　　《狄膺檔案》，中國國民黨黨史館藏，檔號：膺 685-5；「狄君武
　　先生遺物處理委員會第五次會議」（1964 年 11 月 14 日），《狄
　　膺檔案》，中國國民黨黨史館藏，檔號：膺 685-6。

《狄膺日記》列上開放時程。狄家後人於 2015 年 5 月，一方面透過狄原溟之女狄蘭來函，一方面透過姪女狄源湛之子施銘成、施銘賢親訪，再度表達希望黨部歸還家譜的願望，經轉陳文傳會主委林奕華，再續報祕書長李四川同意後，於該年 6 月 2 日將家譜、戶口名簿、病歷、部分私人照片及印鑑等奉還家屬代表狄蘭查收。黨史館復藉此機會取得家屬同意，在館內開放《狄膺日記》及其賬本。因為此番結緣，2020 年時也獲得家屬同意與授權，藉由民國文化學社協助，將《狄膺日記》鍵錄出版，俾利學界研究利用，深謝家屬慨允與學社的支持，歷經三年時間的整理，共得百萬餘字的日記，分批出版。

三、《狄膺日記》的價值

狄膺向有做紀錄的習慣，主要有兩類，一是賬本，一是日記。前者始自 1933 年，終於 1962 年 3 月的《不宜悉記，不可不記》，共十二冊。狄膺記賬始於上龍門師範學堂一年級時，當時一個月僅得十元，必須記賬撙節，而自記賬本取名有其思路，他說「不宜悉記者，記賬時偶忘之，不苦加思索，施不則償，不必誌其姓氏；不可不記者，人之厚我，我所欠人，何可一日忘之者是也。」[13] 雖說是不宜悉記，但賬本內容鉅細靡遺，舉凡各項收入、日常飯食、往來交際、生活採買、車船

---

13 狄膺，〈（七）〉（1944 年 9 月 1 日），狄君武先生遺稿整編小組編，《狄君武先生遺稿》，頁 42。

交通、納款繳費，只要是錢款往來，幾乎無一不錄，由
是透過他的賬本，不僅能呈現出一部穿越抗戰、內戰及
至遷臺的社會史，也能是觀察貨幣與通澎的經濟史。後
者為始自 1950 年 1 月，終於 1960 年 12 月的《邃思齋
日記》，共四十七冊，主要集中在遷臺之後的記述。狄
膺寫日記，開始得很早，從他八歲開始便就有不全的日
記，十四歲起陸續成冊，自題為《雁月樓日記》。結婚
之後，仍有撰寫日記的習慣，但因將同太太爭執的細節
也寫進日記，惹得太太不高興抗議，才不再寫。留法期
間曾做記事，返國後因任職中央政治會議祕書，擔心一
不小心洩漏機密，暫停日記，直到遷移來臺之後，才復
記日記。[14] 日記的內容一如賬簿一般瑣碎，除了流水賬
式的記事之外，也將友人的聯繫方式、往來信函、時事
感言、故事雜記、奇聞軼事散記其中，甚至連吃飯的
桌次、菜譜都不漏。一日之記事最多能達數頁，舉凡
天氣、路況、心情、談話與路徑都能寫入，間或夾雜
1950 年之前的追記與回憶，可說無所不包。

　　對於書寫來說，瑣碎是一項缺點，但對於史料價值
而言，瑣碎有時反而留存了更多資訊。或因狄膺在臺灣
大多時間自甘平淡，對於官場、權勢、財富都沒有強烈
慾望，家人多不在身邊也少了些許煩惱，有了大把時間
可以記事，將走訪各地的見聞，與朋友、同鄉、粥會的
往來，化為文字，搭配上羅家倫為其編輯出版的《狄君

---

14 狄膺，〈邃思齋日記序〉，狄君武先生遺稿整編小組編，《狄君武
　　先生遺稿》，頁 88。

武先生遺稿》很能作為政府遷臺初期日常生活史、社會
經濟史、飲食文化史的素材,對於了解外省族群來臺後
的情況也能有所管窺。於目前史學界流行的戰後離散史
之研究提供絕佳資料。只可惜狄膺來臺之前的日記與圖
書,因戰亂關係,已經全數佚失,現僅存來臺之後的部
分,之前的相關內容完全闕如,不無遺憾。

四、結語

　　狄膺自號「平常老人」,寓意為「一個普通的年邁
者」,然而這個孤身來台的普通人,雖能藉著參與北大
校友會、蘇松太同鄉聯誼會,以及台北粥會的機會,與
友朋交遊,到各處就餐,或是前往姪女處走動,但總還
是常念及滯留大陸的妻小,有時還會悲從中來。1951年
1月2日元旦假期期間,自記:「今晨在動物園見母猴
餵乳其獼,為之捉蚤,親愛之極,無可比方。頓念先慈
恩愛,又惜二兒長違,心痛淚流,難以解釋。」[15] 這份
「難以解釋」,除了對家鄉和孩子的思念之外,也是深
知兩兒滯留大陸且與自己立場不同,終是難以再見的悲
苦,只能暗自淚眼婆娑,不足為外人道也。相似的心
緒,偶而也會在他心中浮起,他左眼失明後的第一個除
夕夜裡,自記道:「余過除夕,不能不憶家鄉,又不能
不憶已過之穎姊、祝妹、受祥,遠離之公望、寧馨。余
孑然一身,中心起伏萬狀,遇節更悲,非他人所可體

---

15 狄膺,《遯思齋日記》,1951年1月2日,《狄膺檔案》,中國
　　國民黨黨史館藏,檔號:膺 1317.3。

會也。」[16] 這位普通老人的心情，在大時代洪流的衝撞下，也有他難以言喻的一面。

史料為公器，資料公開能使過去撥雲見日。黨史館所藏《狄膺日記》在家屬的支持下，不刪改任何一字，不遮掩任何一段，全部判讀後鍵錄出版，是一份新史料的公布，也是一份新素材的揭露，吾人能透過狄膺手書的紀錄，回過頭去看看 1950 年代臺灣社會的種種，無論是採取個人史的微觀，或是將狄膺所記作為取材的一項，都頗具價值。

---

16 狄膺，《遯思齋日記》，1956 年 2 月 11 日，《狄膺檔案》，中國國民黨黨史館藏，檔號：膺 1317.28。

民國史百寶箱：
《狄膺日記》與我

劉維開
國立政治大學歷史學系退休教授

　　民國歷史文化學社要出版前中國國民黨黨史史料編
纂委員會副主任委員狄膺遺存的日記，編輯們由日記中
知道狄膺生前與先父劉象山多有往來，要我對日記的出
版寫一些話。

　　狄膺過世的時候，我年紀還小，不確定在他生前有
沒有見過，但是在他過世後，印象中有一年，先父母帶
著我和妹妹專程到新竹青草湖拜謁狄膺墓，父親在墓前
說「給狄公公行禮」，帶領我們恭敬的行三鞠躬禮。
狄膺過世後，他的資料保存在黨史會，我到黨史會工作
後，偶有機會與管理史料的阮繼光先生談話，他不止一
次的對我說：「狄膺檔案中有不少你父親的資料」，但
是我當時沒有想到要看這些資料，現在感到有些後悔。
當時如果調出日記查閱，對於日記中提到的一些人事，
可以詢問先父母，現在則沒有辦法。

　　先父早年從事黨務工作，與狄膺應該有一些見面的
場合，但是據先父自述，兩人交往是在 1945 年中國國
民黨舉行第六次全國代表大會。當時狄膺是中央黨部副

祕書長，先父是黨部專門委員，調派到狄膺的辦公室工
作，擔任大會祕書。兩人均喜好詩文，且有共同熟識的
友人，來往逐漸密切。先父留存一本大陸時期的詩稿，
其中有多首與狄膺有關的詩作，時間大概在 1945 年左
右。此後兩人時有詩作酬和，狄膺有時不欲將父親詩作
再錄於日記上，要他直接書寫於日記上，我在日記中見
到兩處父親的筆跡。

　　先父於 1949 年離開北平後，一路輾轉到臺灣，再
到香港，爾後接受狄膺建議，至海南島任職，之後再到
臺灣。這段經過，《狄膺日記》中記事和先父的回憶大
致相同，看到 4 月 4 日記有「下午覆劉象山、陳幹興、
孔鑄禹書」，孔鑄禹、陳幹興（本）是先父在海南任職
時結識的好友。孔鑄禹伯伯幾乎每年會來臺灣參加十月
慶典活動，他的兩個孩子在臺灣接受大學教育，常到家
裡，和我們的關係如同家人；陳幹興則是每隔一段時間
會和父親通信，我印象最深的是他寄來的一件孫中山手
書「燕歌行」影本，父親特地將它裝框掛在牆上。孔、
陳兩位應該是狄膺居留廣州期間，往來香港、海南時所
結識，他曾經介紹孔鑄禹為海口中央日報黨股代表人，
與陳幹興（本）則是時有詩作往來。

　　狄膺在中國國民黨六全大會後改任中央監察委員會
祕書長，行憲後當選第一屆立法委員，這兩個職務使他
在 1949 年大多數的時間跟著中央黨部與立法院移動。
2 月初，中央黨部與行政院相繼遷廣州辦公，大部分的
立法委員也都到了廣州。狄膺於 1 月底從南京到上海，
2 月 5 日搭乘海平輪，於 9 日抵達廣州；10 月 12 日，

由廣州搭機隨中央黨部及政府遷重慶辦公；11 月 29 日因重慶情勢危急，飛抵成都；12 月 5 日，成都危急，搭機至海口，30 日自海口飛新竹，31 日抵臺北，暫住其姪女原湛與姪女婿施文耀寓所，後得臺灣鐵路管理局（簡稱「鐵路局」）局長莫衡（葵卿）同意，居住在臺北市西寧北路 6 號鐵路招待所相當一段時間。對於這段經歷，他在《不宜悉記不可不記》賬冊中，有詳細的記錄。

狄膺來臺初期，需要處理中央監察委員會事務，同時出席立法院相關會議，事務較為繁忙；中國國民黨改造後，中央監察委員會結束，改任紀律委員會副主任委員，除了參加黨內總理紀念週等活動外，主要是出席立法院相關會議。閒暇時間則是探親訪友、定期參加崑曲聚會，以及和友人打麻將。他常在早年曾服務於交通界的錢探斗，以及當時任鐵路局材料處處長王世勘（為俊）兩人的家中打麻將，輸贏都記在《不宜悉記不可不記》賬冊中。

王、錢兩位都是我的長輩，王世勘與日記中所記郁佩芳是夫妻，亦是先母的寄爹、寄媽，我稱他們為外公、外婆；錢探斗是先母乾媽錢馨斯的兄弟，張藕兮是他的妻子，我稱他們為錢公公、錢婆婆。王、錢兩家住的很近，王世勘家在長安東路二段、中山女高對面；錢探斗家在建國北路一段三十三巷；長安東路和建國北路成垂直狀，印象中兩家的房子就是背靠背。王世勘的籍貫是福建林森，但是出生在蘇州，實際上是蘇州人；錢探斗是太倉人，和狄膺是同鄉。在日記中還有一位在王

世勛家打牌的友人陳敏，我稱她為陳婆婆，在行政院新
聞局工作，和先母的關係很好，隔一段時間會到家裡找
先母聊天。在 1954 年 2 月的日記中，有一段記道：
「張毓貞、丁淑貞、侯佩尹、顏叔養均來，同張、侯到
梅龍鎮吃包子。」當日的賬本上有：「付張毓貞同食點
二十元。」張毓貞即是先母，我之前以為先母認識狄
膺，是因為先父的關係，但是這個時候先父母還沒有結
婚，看到日記這些記事，或許與王、錢兩家有關。

　　狄膺的交遊廣闊，友人甚多，加上博聞強記，日記
中除了每天的活動記事外，還包括許多所聽聞的歷史掌
故、人物軼事，如鈕永建自述參加革命經過、吳鐵城自
述訪日與麥克阿瑟談話要點、張知本談政學會與政學
系、周佩箴談浙江革命黨事等等，每一段都是民國史上
重要的資料。張靜江病逝後，狄膺將所聽聞張氏生平軼
事、易簀前情形以及張氏譜系等通通記在日記上，可以
說是張靜江重要傳記資料。對於自己所經歷事，如中國
國民黨中央改造委員會成立後，中央監察委員會辦理結
束，他身為祕書長負責移交，在日記中將移交的過程，
特別是款項的交接，記錄得十分詳細。又如他早年曾響
應吳稚暉勤工儉學號召，赴法國留學，因此尊敬吳稚暉
為師，不時前往探望，日記中記錄了吳氏的晚年身影，
其中也包括蔣中正與蔣經國對吳稚暉的照顧。除此之
外，狄膺定期參加徐炎之、張善薌夫妻召集的崑曲聚
會，日記中有不少聚會時的記事，包括參加者以及表演
的內容等，可以說是崑曲在臺灣發展的重要資料。

　　狄膺逝世後，黨史會將他的詩文彙集成《狄君武先

生遺稿》，並將其《不宜悉記不可不記》賬冊中歲首年尾之感懷記事，摘錄收錄其中，內容亦頗為可觀，且因其始於 1938 年，可以與日記相互參看，補充其家世及早年記事之不足。整體而言，《狄膺日記》內容相當豐富，有時會覺得瑣碎，但是仔細閱讀，可以發現其中有不少值得參考的資料，視之為民國史資料的百寶箱，當亦不為過。

編輯説明

一、本書收錄狄膺 1951 年之日記，共分上下兩冊，上
　　冊錄該年 1 月 1 日至 6 月 30 日止，下冊錄 7 月 1 日
　　至 12 月 31 日止。

二、古字、罕用字、簡字、通同字，在不影響文意下，
　　改以現行字標示。

三、日記中原留空白處，以□表示，難以辨識字體或
　　破損處，以■表示，編註以【 】標示。

四、作者於書寫時，人名、地名等時用同音異字、近
　　音字，落筆敘事，更可能有魯魚亥豕之失，為存其
　　真，恕不一一標註、修改。

目錄

上冊

下冊

1951 年

1951 年

7 月 1 日　晴雨兼作

晨朱德羣來譚空軍總部正義東西村數百家狀況，西村舊有水泥地，而東村為泥路。伊為藝術人才，今空軍政治部空軍人員漸漸將文職人員擠出，新來政治部主任亦與去任簡璞作風不同，伊擬入師範學院為教員。伊云俞介禧似在南京。朱去，凌繩武來，轉奉顧一鳴贈余之王一品對筆，余因曝筆，自譚道源（如園）及詩人曹湘蘅所送大小尚存三十支，有一支為蛀蟲咬一半，圓孔脫穎一縷。凌去，沈善琪偕嫂來，嫂攜惠惠來，壯聲消息不佳，擬謀為教員。十二時約陳伯龍、慶澤彬在樓上憑闌小飲，馨龍東一瓶，每人平均六盃，秦企文備菜。飯後睡，睡起浴，閱大陸雜誌。六時周賢頌來候，赴中心診所同俞時中及其母周六姊冷食。賢頌謂台灣米自給而能外銷，糖外銷適奉價高，棉已能自生產，明年將有八萬錠鋁，能出口銅及能出口五金（鍍鋅鋼皮已能自製）漸自造，現趕造肥料，肥料賴電力，現正增加電廠，此皆我國民政府建設台灣之成績。尹仲容、王崇植、陳舜耕皆任勞怨謀開發，仲容脾氣壞而心地好，實有足多者，晨訪余譚此，夜飯時又談此，飯罷車赴草山又談此。余等於暮靄中穿林越嶺，如行黎明，至草山去年吳先生行館。先生今晨乘吳則中車游後草山公園及陽明山館，下午睡甚久，余等入室，先生熟睡，候半小時不醒，余等乃歸。馬袁冰夫人與馮氏甥得胡博淵書，知吳

先生子叔薇及媳李原住稚暉大學河邊洋房，今洋房為
李石曾先生猶太夫人出售，最初每月九十元房金稚暉
大學付出，今則無著，又每星期針治費四十元，月為
一百六十元，及膳食約需五百元美金，不敢告老人知
道，計無所出。余告陳凌海，先託博淵在海外設法，日
後籌措歸還。臨上車遇俞勗成，勗成臥吳先生客室紙窗
外，吳先生臥於客室。去年臥室讓馬，馬前為馮，後為
凌海夫婦，客室之書房為吳□□夫婦。歸途賢頌述稚暉
大學之房，李先生在華僑處募得五萬元，得產後又將房
抵五萬元作為在國內募得之款，今以款紲失房，殆抵款
到期不償，依法失房，猶太夫人無權出售。賢頌嘆惜江
南鐵路公司八十萬枕木借款中未能撥此五萬，江南祇為
擔保之水電五千美金，有議決案可查，江南照付而周君
梅列為賢頌罪狀，大說壞話。而華僑中亦有在僑務委員
會控李石曾稚暉大學捐款係騙錢者，余謂李先生計畫
太大，空中樓閣，基礎未穩，易致坍塌，而張靜江已
故，經濟調動較難，遂露馬腳，實足使熱心於事業者短
氣焉。

秦啟文交來董作賓甲骨文「君、武」二字

君武先生處乞轉達，惜無狄字耳。

7月2日　颱風雨

晨雨中凌念祖、朱佩蘭來，橫雨入廊，坐墊為濕，雨勢猛烈，乃颱風雨也。聯合紀念周謝冠生報告司法院狀況，依職權講話，短而清楚，余坐王鴻磐旁譚崑山事。下午臥，閱大陸雜誌。六時到鄭家夜飯，飯後休於雨庭，鄭皓下月將產，今日歸寧。歸途拉黃小堂到寓，為伊致閔湘帆書，訊主計處雇員有缺否，伊又盼煙酒公賣局職務。小堂去，余浴睡後夢自山坡窄處歸太倉，仲超等人均在，似將開會，余問太倉是匪共所管，尚有何說，正無可為計間，貓拉余帳，爪觸余膚乃醒，貓係廚房所畜，樓門閉，不知何自上樓。

王雨桐在二卷七期自由談漫談北平的吃，淮揚幫有玉華臺及春華樓，以砂鍋刀魚麵、各式干絲，玉華臺之炒蒲菜即嫩茭白，春華樓之乾燒鯽魚，金魚胡同的鹿鳴春以火腿烤白菜外加土司麵包得名，東興樓以燴鴨腰，豐澤園之芙容雞片，廣和居點心有三不黏，會賢樓的鮮核桃仁拌芹菜，酒以長盛為最有名，陝西巷有廣東店名恩成居，此外吃羊肉有西來順、慶林春。

荷蘭來茵河畔的亞爾芬鎮 Alphen 有白林克 Gerard Van den Brink 之鳥園 Aviafuna Bird Park。

金溟若釋澤庵漬：用糠拌鹽所醃之蘿蔔，相傳是一個和尚叫澤庵的發明，色黃。

喜瑪拉雅的原名是冰雪倉庫的意思。

錢歌川記英國大文豪威爾斯 H. G. Wells（一九四六年卒，年八十），在 1912 年一月自倫敦至台灣，為考查 1907 前後日本的小西成章發現的巒大山，自集集徒步

經番子寮及龜子頭，渡陳有蘭溪直向高達一萬尺之巒
大山而去，山上住有布奴族，常要出草獵取人頭。當
時威爾斯為英國學士院院士，為鑒定巒大山針葉樹形式
像杉，是否是杉。威氏又鑒定阿里山五木：紅檜、油
杉、亞杉、香杉、肖楠為世界稀有良材，威氏又帶來奎
寧種子。

台灣地理大系稱阿里山五木為檜、紅檜、台灣杉、
栂、高嶺五葉。

鄭皓懷孕後腳腫，服 Ammonium Chloride，洋水自
小便下，腫乃退。

沈崇宛多哭，結核菌入眼球，左目幾不明，賴其弟
自美寄□⋯□，眼得見愈。

7月3日　晴，晚有雨意仍晴，夜雨

晨閱件。到中本交二百元，摺面滿二萬，中有
五千五百元非余之款。到立法院取雙喜一條，復到農林
公司凌普處購紅茶一包，舉以贈徐炎之夫人張善薌。在
農林公司中曾訪總經理陳舜耕，伊云有浙江人主持魚池
茶場，頗有生氣，伊所營事業需款數千萬台幣始能開
展。余與譚今晨朱鍾祺來譚之台灣尚不能自產大宗肥
料，在外訂購，外人以淡氣係軍工所用亦有限制，政府
向日本定六萬噸，日人允二萬噸，顧政府不許商人在外
訂購，此不甚通。舜耕云如限制商人祇得合法利潤，亦
可通融。中飯後臥，臥起閱自由談。二時半車來候，往
中央黨部工作會報討論添建房屋、調整用屋事，預備
費 120 餘萬已支配無餘。五時回，候鄭明、怡至五時半

不至，乃至鄭家，朱安生在飯。余曾同味經游龍山寺，今日又為拜拜節，淡水河有龍舟二艘競渡，並在水上演劇。龍山寺初一月半香金收入盈萬元，內地人所納為多，會首有分紅，味經房東黃君掌廟中書記，月有分潤，今晚在家宴客，團團一桌皆龍山寺關係人，黃妻亦善烹調。飯後天有雨意，余乘三輪歸。今日任惪曾自□□歸，任離園數日，阿嬌孕案出資得解，寧園虧款允調款歸楚，不知能安於其職否也。九時天雨，胡希汾來譚。

　　夜輓王豐穀父鯉庭、母唐聯：

高齡怎禁亂離，母去父隨之，相隔一年僅滿；
此身仍賴怙恃，歸家告祭也，力謀九州全同。

7 月 4 日　晴雨兼作

　　晨候黃仲翔，自中和鄉來螢頂間修路，仲翔乘車經板橋來，伊鄉間費用不能省，屋之租約訂三年。同伊出外購詩韻，於重慶南路春明書店得之。入中山堂前小廣東店食炒麵，遇張漢衡，伊譚柴鑄新之與黃聯芳有染自香港，而蘭友撞見在台北，聯芳跪曰請放余一條生路，蘭友逐柴，聯芳曰我們感情不壞，蘭友乃氣走。聯芳謂自歸洪身分不明，不如適柴得為妻，而蘭友心不甘為人奪去，且以被奪為可羞。楊冠北、張劍鳴現日在臺正為謀重圓。蘭友欲得黃悔過書，聯芳曰我故與柴無染，與其作妾，寧為蘭友妾也，且余一弱女子處勢力之下何可逃，願不離洪而一人獨處。前夜蘭友往，此事正在演變

中。漢衡為余等會帳後，余等至王子弦家候，子弦自吳
道一處歸，同飯扁尖拌雪菜，甚佳。飯前余曾往趙耀東
家尋郎醒石夫人及郎瑛，伊子病血中毒，入中心診所得
愈，方危急時闔家均哭，瑛以為兒殤之將繼翁喪也。余
等別子弦時，子弦送出橫巷，仲翔曰老友相會，戀戀不
捨，實亦可悲。余曰比在匪共區駢斬或分別餓死尚不足
耶。余等自新生總會穿三條巷，仲翔自徐中齊家，余乃
回。徐宗采（兆龍）來謀事，狄君毅來說肥料廠工作太
過，張劍鳴來講金城磚瓦公司種種。至五時許至錦姪
處，明孫今日會兩腳立直，耀去淡水河邊探有龍舟否，
回言人極多不見龍。飯時有肝網油粢及韭菜百葉，飯後
坐車回。孫振亞贈余中山堂戲票，余贈邵介堃，介堃贈
其舅母，舅母邀舅同至，介堃仍不得觀劇，頗可發笑。

別玄武湖（檢書得三十七年所書殘句，足成此詩）
黃裳銀杏爪楓紅，落葉堆飛湖上風，
山水壓城楊柳岸，輕為此別再相逢。

7月5日　晴雨間作，雨勢猛

　　晨閱詩，焦立雲與人嘔氣未啜粥，余邀伊山西館食
貓耳朵及杏仁豆腐，冷食非伊所愛，食麵丁亦少，食時
離開午飯已近。飯後豪雨，徐向行來借法帖、催謀事，
余送伊至中山堂夜戲畫票，雇車送伊回家。余回錦姪
寓，見明外孫澈鳥。夜飯時天晴，坐三輪至建國北路，
天街曠適。錢夫人自外出回家，衣凡立丁，衣挺可辨乳
頭，余衝口道出，錢不悅於色，直至八圈牌打完尚未開

霽，余覺不歡乃回。在路上遇方青儒、陳雄甫，亦自牌
桌下來。余歸浴，上床不能成寐，念打牌亦不樂，不如
不打，二時許始入睡。

　　得王鍾文蔚七月二日書，李家瓊可逕往中央印製廠
面謁楊廠長東白兄洽談。

7月6日　晴

　　晨寫王鯉庭暨配唐輓聯，唐先一年卒，鯉追之，夫
婦同為八十六歲，一卒於五月二十日，一卒於五月十九
日，相隔一年僅滿，其巧如此。下午四時到師範學聽邵
毓麟演講，云戰時作救濟等於作戰，平時則為政治，救
濟以糧為第一，糧以運輸為第一，放賑貴有組織，救人
宜鼓勵人自救，反攻有日，大陸救濟總會以自社會團體
而為政府部門，庶幾與國際或國家糧政及救濟機關相配
合。說畢為六時，余至豐穀處送輓聯，飯飲乾琴數盃，
嘉定西門人曾在廖家賭錢者□□□亦在，菜以豆瓣酥加
花生仁第一。飯後至顧儉德家，儉德新得造船公司董事
及別一兼職，月用稍紓，今日不在家，其夫人傷風，余
狹之走馬路，略出汗，覺舒適。余自街口得三輪車，馳
而歸，遇端木鑄秋於門簷下。

7月7日　晴，間有微雨

　　晨起，李家瓊已來寓送鄉間縫成之夏短衫，既而林
在明來送修理之洋傘，余請在明帶瓊往中央印製交鄭明
引見廠長，廠長未即派事。九時入中央黨部，巡迴訓練
三組主任作報告，至十一時休息，尚未輪及第三組劉文

島，余作諧詩五、六首，皆為張道藩收入油庫。十一時
至十普寺弔王豐穀父母之喪，遇上海海潮寺僧□□，謂
識楚青先生，藏有墨蹟。一時素飯，葉溯中、印維廉、
梅頌先夫婦均到。飯後即回，同李家瓊乘車至新店，過
弔橋（橋跨淡水河支流新店溪）訪陳、羅，回走防波堤
（堤下鐵絲包卵石，名曰蛇籠），麵店訪安蔚南，皆未
得。在勵志社茶，茶座有人結婚，設酒三席，聽人講
話，某軍人太太頗善應對，若邁櫻然，極有趣。回至玄
帝宮巷，走文峰後，過資源委員會新造房則為李志伊嫂
住宅，今日張慶楨夫人在鄉探望姑母，余與閒譚。六時
飯，送張夫人上車，余同家祐夫婦、家瓊、家熙泛黑，
橋影壁涼，水上不遇其他船隻，乃用電筒照歸。宿家祐
床，家祐講上海遇共黨先遣隊招手，今服持公路局聯絡
美援，以計畫不切實不易覆按各情，十一時入睡。

7月8日　晴　星期

　　自山角轉入李家，有溪谷，其中應跳水者兩處，家
祐為工程司，不為公眾平治，其房門口有陽溝，亦不慎
平，昨晚余失左足，傷後踝股皮，今日余罵工程司蹩
腳，蓋其天性不管閒事如志伊也。早粥後余走市上，於
麵店訪安蔚南，伊原出安鎮，為安黃族，安、黃不通
婚，常熟田莊人。同伊訪大坪町羅大固即羅星薇，四娶
南京評事街沈氏，攜岳母同住。余等先入一九宮廟，遇
山東人自調景嶺來者，云港英政府遣荷蘭船送大陸救災
聰會，迎候皆極周到。下至空軍墳場，原文山神社原有
屋，今拆為廟。下至崔唯吾家，水池、廁所皆合法，陳

紹賢家子女妻皆肥碩，新聞處疏散屋且有電影場基地，神社地最高，四圍皆山，大屯山下缺一角則為台北，天晴可望見介壽堂。下坡尋吳稚暉先生所賃屋不得，往水邊橋上望，游人結隊而來，見沈崇宛西裝在一船上。余等休於惠賢茶樓，杭州人所開，十二時半乃回羅家飯，有炸香魚，為碧潭名菜。飯後泛舟，每小時十元，余等靠於山坳陰處，遇一對男女隱小舟中，擲香蕉，知道謝，又遇立法院開小組會議船、王撫洲船。三時本擬食惠賢之冬菇煨麵，以時已不早，客越來越多，乃乘火車返，安蔚南為購車票，送余上車。遇丁宣孝自螢橋下，余至終站萬華下，往時余尋何芝園、凌龍生所越鐵路即此支線也。下車過天橋出站，雇三輪回寓抹身。至台糖崑曲同期聽望鄉、痴夢、小宴、佳期、游園，以徐夫人痴夢為佳。回中華書局飯，遇何子星，飯後即歸浴早睡。新店支線原屬民營路，基狹軌舊、枕木鬆、站小，皆不合標準，現鐵路局正以舊軌補宜蘭線，無暇及此。余告秦啟文云趁火車回來，啟文說如此，啟文今晚送路平甫南赴高雄。

安蔚南云常熟黨員石民傭靠攏後被殺，東唐市孫懷瑾高度墮落且販賣雅片，入獄致死，惟屈雨時尚有志辦救濟院，尚有成績。

7月9日　晴

晨周亞陶來候往黨部紀念周，余忘紀念周改於八時半開始，在紀律委員會同林玉成談話，上樓時蕭自誠已講所設計各案一大半。十時同郭、沈坐車至圓山再做紀

念周，今日軍官訓練班第七期補行開學典禮，總裁命
夏參謀功權讀普魯士克勞塞維茨之戰爭原理。總裁民元
在日本已讀克氏著作，其時日本軍人譯成巨冊，奉為祕
寶，總裁用計得先讀，初讀不甚悉解，讀三次方佩世人
稱道非虛，讀五、六次以至於每戰必讀，等於孫子，此
為戰爭哲學，非軍人亦宜精讀。十二時返飯，有豆牙及
豆腐，飯後請同桌食冰鳳梨，又以之贈吳愷玄、鄭味
經、孫秀武，不知何人所贈，冰後極鮮凍甜軟，真佳果
也。飯後沈宜甲來，屬余付 100 元、商文立付 50 元與
袁世斌。朱佩華囑為徐穗蘭謀台灣合作金庫事，囑余訪
李萬居，託萬居向林世南說之。秀武攜方肇衡來，厭文
化工作站凌亂，求余作書王崇植求美援會收發。余於五
時後至鄭家，鄭次子引往公論報，得社長李萬居康定路
46 號宅，李君不在，余留字而出。在鄭家吃四喜肉，
飯後食鳳梨，微雨中歸寓。昨今兩日閱中改會議紀錄第
三勢力調查報告及中央設計委員會第七次代表大會開與
不開之得失。今日鄭嫂言王豐穀之愛人為沈從文，務本
體育教員，抗戰時走金華單幫，頗獲金鈔。今晨以六、
七兩月油米送鄭家，煤油送洪家，鹽已散失。睡前施振
華、金生麗、季通來坐，振華已卒業於空軍通信學校，
將分發桃園站，金生麗補習初二課程已畢，明年可升高
中，余以為高中無用，不如進職業學校，季通用腳踏車
賣牛肉干為生。焦立雲之夫秦扶耘在利漢商行工作，月
入二百元，須包飯化一百五十元，但得住寧園。立雲在
園與老劉鬥氣，余安慰之。

　　檢閱中改紀錄，投票通過任卓宣、崔載陽、羅時實

為研究委員，通信研究員得不限於本黨黨員。

海外黨部原執監不動 13，限期改選 26，陷者 42，安南 11，共 93。

七全代表名額 150-200，六次黨員總數 680 萬，代表人數 600，現有黨員 40 萬人，比例可派 35 人。

中改、中評、中執監均列席，甲案敵後工作同志 2%，乙案原各省市 50%，敵後 25%，蒙藏 5%，鐵公工礦 10%，海外祕密 5%。

總裁指示由會繼續研究，並可先行徵詢在台北中央委員之意見，十月再行研討為統一長江以南大陸地區及港澳工作之領導與配合推進起見，特設南方執行部，委員五至七人，主任委員王任遠。

7 月 10 日　晴，夜雨

晨赴中本為祝毓等領息，朱品三在樓下工作，稱為朱主任，云張百成在董事長室工作，蘭友班底移中本矣。余與趙耀東談，求徐向行為中本染整工場職員，趙云職員甚難。出，至立法院會計室問馮正忠取照相扣錢，十九人均二十二圓否。答云扣錢後還清單，不能詳記，有一人云似均為二十二圓，沈宜甲云底片為一百五十元，伊已覓人出六十元，立法院有九人多出十元，即滿 150 之數，餘人十元、十二即可，馮君因以為利否不可知也。出，在衡陽路覓售鞋者，於山東人處得一雙尺寸合者，有興化人云為余定做二雙。歸飯，有豬肝湯極鮮。飯後睡，睡起赴中央黨部審查六月份工作計畫及成果，張迺藩所編，有不成其為果者。余詢南方執

行部事如何，苗栗七月八日選舉不滿半數何因，又指訓練人員之需津貼有以出差論者，幾如賓興印同學錄等於刻硃卷及同年錄，皆科舉遺毒，理應改造。五時半散，至徐銘家為洪亦淵壽五十，酒兩席，余與徐復人夫人乾盃啤酒，亦淵小姐頻頻勸飲。九時余歸，尋開封路 118號凌同甫寓不得，乃歸。

在徐家閱日本地理大系共兩部，余閱台灣一冊，知太魯閣有仙寰橋，今斷，松原公園及萬德大瀑，木麻黃為防風林木、八卦山相思樹林燒炭最好，餘無所用，椪柑、桂竹。

雷樹水中央山脈橫斷記游云，橫斷凡三徑：（一）合觀線，從霧社經見晴櫻峰，合觀國家公園，太魯閣而低花蓮；（二）能高線，從霧社經能高、天長斷崖、銅門而至花蓮；（三）八通關線，從南投水裡坑起，經崁頂過八通關、蕨溪而到花蓮縣玉里。天長斷崖在距銅門約 33 公里處，全長四公里，高約 1,500-1,600 公尺，有東洋第一斷崖之稱。崖上的人行道是由蕎萊山麓穿貫接連另一個山陡壁，極能行走。

7月11日　晴，下午雨

晨整理櫥屜，十時走公園，出席金城磚瓦公司董監事聯席會議，到蕭化之、趙葆全、邵健工、周煒方、羅佩秋、李公恪等十餘人，張道藩主席。三十七年在南京馬超俊發現板橋有可以造磚之泥，於是購舊廠，招新股，購機器，以股款換得外匯約十五萬美元，以十萬定製磚瓦機、柴油發電機及輕便鐵路等，由張劍鳴赴美定

購。及劍鳴歸而南京搖動，南京部分售與中華興業公
司，搶出火磚萬餘塊及馬達一只至滬，機器則改由香港
登岸，與港商張家駒及其鄉友阮、鄭二君組織永生陶製
公司，於青山區容龍別墅之山地覓得適宜之廠址，佔地
約五十餘畝，於荃灣光華公司租得最新式火油窰一座。
原擬青山軋出之磚運至該窰燒成磚，再順道運銷港九，
乃自韓戰起，香港建築事業下降，原擬向和記洋行借款
港幣二十萬元作資金周轉者，新股東主觀望，於是變為
有開支而無出品，去年六月至今月付倉租及職員薪金。
現新股東主登報轉讓磚廠，洽售機器，以售得價款老股
東五分之四、新股東五分之一，分擔盈虧。前日第四次
常董會主張結束木公司，並在減輕公司損失及不必要負
擔之原則下將機器及物資設法轉讓，所售價款專案保
管，將來另購新機。余主本公司可淪陷，不主出售機
器，一、因成立時得美援幫助，不無佔便宜處，今以之
出售，或來道義上之責言；二、出售於承認中共之國便
是資敵，且余料機器不易售出，須作不能售出之打算。
辯者謂機器乃動產，美援機構對於援助而得之機器放棄
顧問，且棧租等逃不了，如此時不決，將來歸烏有。最
後決定可賣及結束原則，交常董會討論。一時飯，有假
雞腿頗好吃，趙葆全送余回。北大同學□□□來飲茶閱
詩，四時施振華來，伊又想受情報訓鍊，余勸其任事得
經驗後再議其他。同回錦姪處飯，有燜蛋及芋艿百葉
絲，雨中歸。夜八時鐵路局禮堂京劇，俞大維、錢思
亮、毛子水、楊繼曾、尹仲容均到，戲為寶蓮燈及四郎
探母回令，祇秦蕙芬佳。十二時回寓食粥，上床已雞

啼，五分鐘後即入睡。

7月12日　晴

　　晨施振華來坐，於九時乘車回岡山。樓下房劉鼎新
失藏之頗密之六百元，係昨晚失去，幸施振華要求寄宿
寧園，余不之許，不然夜宿此而晨乘車，刑警隊來問時
此人已去，不免處嫌疑之際也。十時赴司法行政部訪林
佛性不得，訪查次長□□，又訪洪鈞培，因鈞培而得見
地方法院檢察官熊福亞，述明劉啟瑞委員非馬存坤案之
原告。熊君答云因此案無可下手，乃先詢關係人以明原
委，再以問馬。余之永康街告劉啟瑞君，劉已極氣憤，
並云薦馬可任台中主任委員者為朱之祕書胡頌平，而右
馬者鄧傳松也。余告劉君以法院原委。時已十二時，候
車蒸曬，乃入洪叔言家飯。飯後朱人德歸，云暑期擬學
畫而無資，余乃贈以四十元，云不能入學則以之購果餅
及沙丁魚，沙丁為叔言所愛食，云以之夾麵包甚佳，飯
後乘八路車回寓睡。

　　張其昀寄來文化政策綱要，主總統府下設中央研究
院、國史館、中央圖書館、中央博物館、中央出版局，
其首長由總統任命之，主張：

（甲）中研評議會無法召開，四十一年起由該院提出
　　　充實與改進計畫，交由中央文化委員會審議，
　　　文化委員會係由五機構首長與總統另延聘之四人
　　　組組之。

（乙）國史館任務五：（一）編纂民國四十年來之國
　　　史長編；（二）搜集民國以來之傳記遺著稿本；

（三）依四庫例編儒家經典、正史及名家全集，編訂新的版本；（四）編纂通志與地圖；（五）黨史附設在內。

（丙）中央圖書館為保存文獻、網羅新知之總府。

（丁）中央博物館為保存古物、收藏美術品及現代科學工藝製造品之總府，故宮博物館作為中博之一部。

（戊）中央出版局之任務：（一）……（四）文化機械之出版品均歸本局印行，五院各部會之出版物由本局印行。

計畫太大，恐此時難以實行。

下午狄君毅來洗臉吃茶，伊在第一肥料廠太勤苦，余為函託朱謙轉函場長陳垚照應，伊似有肺病。五時許張伯雍來交朱福元東京來信，伊六月八日攜妻兒飛往東京，現與姊淑貞及姊夫馬貽諤同住麻布區廣尾町三十五番地，現有朱葆初名，由東京眾聯物產貿易公司聘為祕書，向駐日代表團請求將旅行護照改變貿易商助理員身分，俾六個月之後仍可留日，須得經濟部核准，求余為之託人。伯雍送還洪壽餘款，云台灣白蘭地木栓者舊釀較佳，余留伊飲茶乃飯。飯後至王家打麻將八圈，王為俊明日往實踐學院受訓，王夫人害眼。余亦曾訪夏曦夫人，近常往新生社跳舞。又往尋慶太太，近隨夫學京劇，余等局促小房打牌，聽老慶高唱入雲也。

張維翰（純盦）自北投來尋余，未遇。前日周頌西、佩箴兄弟來尋余，未遇。

得鉛印傳單，中國青年黨中央黨部開除王師曾、夏

濤聲黨籍，云王、夏顛倒是非阻撓改革。並云王、夏自
民國廿三年起先後離開青年黨，王師曾去西康投劉文
輝，夏濤聲去福建投陳儀，王在滬化名王維常，住愚
園路聯安坊 20，從事策應日人入川之所謂西南和平運
動，夏任陳之祕書，參加陳儀祕密組織傷害忠良。

7月13日　晴

晨六時即醒，於曉光漸透時起身，久之方得啜粥。
交通部在北投訓練高級人員，十時許余搭王啟光赴班車
至北投，於工礦公司門市部樓上訪見張維翰（蒓盦），
伊昨訪余在下午三時，其時余在寓，未晤到。譚黃寔、
胡瑛兩同志被殺，李彌確有游擊部隊，但中緬未定界被
中共收回，活動地段縮小，設當日胡宗南部早日移滇，
則盧漢或不致變，至少可保瀘江以西。龍雲失自由，盧
漢自殺兩次未殊，盧漢次子娶美僑之女，已入美國籍，
其存入外國銀行龍、盧財產計十七筆，由繆嘉銘一併交
清。監察院與立法院聯席會議法無明文，伊不贊成。最
近院中以監察院成立三年，擬將院中工作寫一總報告，
明不能盡職，其故不盡在監察院，亦經居覺生、鄒海濱
審查打消。北方人好動作愛表現，立、監兩院同之。蒓
盦於飛機十二架飛北平前曾擬隨于院長回昆明，如當時
回去，不免遭盧漢扣留。譚至十二時飯，飯後西瓜，余
在樓池浴，浴後乘公共汽車返寧園臥。臥起劉鼎新來打
電話，竟欲刑警隊查某職員，為了錢人與人毫無見面
情，余甚傷之。徐穗蘭、黃廉卿來，在樓上坐，余又蓀
來，在草坪坐，余女友曾女士之父三月中在成都被殺，

曾有允又蓀求婚意。去年臺大開除三學生，係孟真不作客觀考慮，率意逕行，及于凱被捕，孟真不怡者三日，芮逸父謂不無受打擊也。六時余至雲和街，先至居家，居先生赴李君佩家作陪，宴請池慕蓮。余在鍾祺家飲乾琴三盃，帶殼花生、醬黃瓜拌荸白及豬心冷切，風味如小酒店，菜有豆腐花、豬肺炒素等，飯後西瓜。余訪戴丹山夫婦，不在家，乃乘三輪回，知羅時實、劉啟瑞來訪。浴後在草坪納涼，愛簷下巨楓似纛，風自樹南隙來，拂座覺爽。自來台後頭有兩次似充血狀，一次在寫張靜江先生事略，滿腦昏漲，不復耐思索，今晚亦有微眩，寫日記後用涼水沃頭部四回即愈，意者余肝病外又初患腦病矣。今日張維翰譚繆劍霜雙目失明，稱為色盲，蓋云為色而盲，如繆劍霜之生活習慣，正共產黨打倒之對象，如何走往北平去。張君又譚昆明共黨清算龍、盧自水電費算起，一切為龍、盧之設備，桿線器燈從未付款，自己生活上之水電尚不付錢，惡霸名義確立，再清算其不動產，以與存外國之動產比，九牛一毛，國民而至於入外國籍，雖有刑法，無從扣住，此必世界立法共同制裁交換人犯方可辦理。張君又言人往往因反蔣遂即反國，反蔣者往往受恩優渥，位望自蔣而得宜，其無理由反蔣而不得免，於一反既反之後，情況更劣，始悟所反為非、所靠非是。此等人之升降浮沉有何可道論者，不免責、不澈底之收容，反國民利益之交結，斲喪國家元氣者大也。

7月14日　晴

晨何惠民偕妻連毅君來訪，伊任貴州、遼北、上海高地院推檢及首席檢察官，現仍擬尋林佛性派事。十時許，立法院外交委員會討論對日和約草案吾國未被列入簽字國，眾主開臨時院會，余亦云可，余稍坐即歸。下午徐向行來還法帖及書，余亦還伊日人所編和漢詩選一冊，同至明星吃加里飯、冰咖啡。遇端木鑄秋，擬為胡立吳謀大法官候選人。六時同樓桐蓀、阮毅成夫婦至圓山飯店參加法國國慶酒會，代辦奚居赫 J. Siguret 款客以自法運來之香檳酒。余遇徐庭瑚、劉大悲等，朱騮仙夫人畫青眼，作巴黎野雞裝，最為特別。七時返，在桐蓀樓上飯，有曹白魚及沙丁魚。譚夏敬民（勤）未任次長前以明晰法理為人所稱，任次長後即因派人任璧山院長而被議貪汙，嗣任最高法院院長，與庭長某約為聯手，凡案之可以約賕者，夏分發入某手，某案有金七十條，佩蘭知確有其事。後因中統局舉發某案，總統批撤職查辦，王亮疇先生令伊自辭，又以夏新為國民大會主席團，曾親送總統當選證書，如遽查辦太不好看，乃寢之。余與夏遇於廣州南堤，夏神態已恍惚，及入香港，金城銀行月送夏港紙兩千元，而夏已病，其妾服事極周，用溫情騙得夏之保險箱鑰匙及名章，將夏所畜積盡入己手，而夏之子在上海亦盜竊父財，不入流品，諸人皆不理病者，夏口渴欲購一廣柑亦不得。病重入醫院，頭、二等房無空鋪，抬進三等病房，未移時而卒。院例未經醫生簽字不給死亡證，港例無醫生簽字之死亡證不能買棺木，後找得一熟醫生出證明，買棺木者包辦墳地

方得葬，妻妾競吝，身後草草。而最恥者有粵人某託某案，夏曾許無罪，結果徒刑七年，正覓夏住址欲理論不得，聞訃知喪居所在，乃要流氓掠柩索還賄款，幾經交涉而罷，此真慘而醜者，為貪者鮮不污也，悖入悖出，如是其速。余與同任江蘇省法規委員，其任次長時常為游揚，而夏之不觳料如此，真可痛心。自樓家歸浴，浴後乘涼，上床後覺熱，起身兩次乃合眼。

7 月 15 日　晴

晨七時入三六九食湯包。同秦啟文乘八點另五分樹林汽油車赴板橋，車站已改造落成，頗有大站氣像，惟屋嫌低兩尺。在市上香甘茶室飲包種茶。乘九時三十分車歸台北，入中山堂和平室參加憲法學會，為召集人及研究綱領討論多時。十二時歸寧園飯。王培禮來約游碧潭，未遇。飯後臥，臥起周蜀雲攜一福建十八歲女子沈，在氣象局工作者來坐，譚青年黨陳余與王夏之爭，兩不相下，兩不合理，互詆醜各情。余託伊為徐穗蘭請李萬居講話，伊託余為何惠民致林佛性書上簽名，五時許始去。余入鄭家飯，葉君及味經兩弟、朱歐生夫婦均在，諸人搶打麻將。明與李家瓊已晤面，明日李往印紙廠報到。今日葉銘功為戴恩沚介紹女友請客，而恩沚不到。余與鄭明未婚婿林在明譚十五萬西藥外匯，以每客不得超過 15,000 美金，而某家原件上蓋空印，准予照給，浮簽上列 15,000，結果某家得四萬美金，群商責難，而警務處出為調停寢事一節。及鄭國湘講勝利接收時，美軍自昆明電訊有飛機十餘架，問空軍總部願接收

否，曾□連夜將電送公館辦公室候齊復電，而周至柔竟未看到公文，美軍不得覆，飛機燒燬一節。大抵派系觀念太深，稍差者便不敢言，包工等事皆屬同系，餘人不敢問津，此其所以有弊。最近美軍軍援，事事來看，便無此弊。

7月16日　晴

晨走往中央黨部，聽羅志希紀念周講時事。散會後搭郭澄車至圓山，再做紀念周，總裁講對日和約簽不上之可痛心，倚賴可以亡國，軍援、經援之害甚於鴉片，激勵國人全體動員臥薪嘗膽一息此恥。袁企止送余歸寓。觀清道人花卉斗方，云不易脫手。飯後再參加立監兩院歡迎紐約州長杜威聚餐，余於聽罷演講後歸寓。稍休息後，即開始閱傅紅蓼魂斷江南小說。夜飯在鄭家，有絲瓜豆腐、白切肉等菜。飯後在衡陽街購禮物送居夫人壽，夫人至羅東避賀，其家人咸集，仍舊家常數碟，有足多焉。出，就國民大會辦公室門首，同吳觀海夫婦、孫德中談天暢笑一回而歸。

7月17日　晴，下午四時雨

晨祝兼生來商案，余出訪劉啟瑞、陳紫楓解釋一切，紫楓家集立法委員十餘人，正商議對日和約不令我簽字問題。飯後臥。三時至圓山革命實踐學院軍官訓練班禮堂，參加立法委員黨部陳辭修、葉公超說明和約交涉經過。葉說時天雨，未穿上裝，有人以為不當。六時至鄭家飯。歸閱魂斷江南畢，比荻邨傳說一長時期事為

緊湊，似張恨水，亦似李涵秋，結局草率，想為刪去五
萬字之故。閱畢浴，坐前庭納涼觀明月。今日為六月
十四日，殊念公望、寧馨。

7月18日　晴，下午陣雨

　　晨立法院舉行臨時會議，到者約三百人，陳誠、葉
公超皆有報告。公超云不能再受比簽不上和約更醜之恥
辱。楊寶琳等有質詢，余先回寓，不知何人能中綮也。
下午三時余往大陸救災總會，為分配港九每人祇新台幣
三元，合港紙一元，餘江蘇二千九百八十一人、廣東人
五萬五，無從分配起。余仍主照人數平均分配，一次發
給，以為入台之底冊。五時余至錦姪處飯，有燉臭豆腐
干及扁尖白肉湯。出，至中華書局晤何子星夫婦及女，
身體均比前增健。余至松江路 135 巷尋胡立吳，語以端
木愷說起之大法官提名事，立吳七時一刻方回寓。啖無
鮮味之麵一大碗。余在仇其慎房小坐，其慎煮古古奶粉
一盂款余。回至中華，同伯顏夫婦、邱、孫、吳、陳同
入空軍新生社。今夜幼幼幼稚園約舞，凌寬夫婦招待。
余遇張明、謝玉裁，約同坐拆字臺。吳愷玄擬為余介紹
舞伴，郎瑛與其夫云老伯難得，瑛願伴舞，余舉布鞋示
以不想跳舞。最後明月升至山頭，露天花園明亮，樹上
紅綠燈此滅彼閃，有某女士歌「良宵不再留」。余念簽
不上和約幾等於世界無此一國，歌音舞影祇形成可憐之
良宵，正難為懷，而余於月下念家人遠離，無絲毫音
訊，二兒受騙為匪共工作，已有些覺悟否。與焦鴻英略
譚數語即歸，浴後即臥。

7月19日　上午晴，下午雨

　　晨粥後赴立法院臨時會，楊公達、程滄波報告起草決議案之經過，決議案送行政院查照，太公文書化，不足以喚起世界主正義者之共鳴及激勵國人之臥薪嘗膽。十一時余回寓，至下午仍不能往，乃因先期召集中央日報監察人會。四時雨中張星舫、何子星來。董顯光自美經日本歸，云蘇俄集團之勢已強，韓之停戰由緊轉鬆，鬆而誘使美國不能再戰乃上策。態鬆而意緊，蠶食全亞已不必用蘇俄本錢，世界人士皆極恐慌。美人正設計防空洞，私人財產如何保存，法人共產黨佔20%，此二十人乃能左右80%。西德婦女皆身懷毒藥，懼蘇俄人之姦淫擄掠。故以人事論，可謂共產之勢已成，所不知者天耳。以上次日人攻進南京之勢言之，席捲武漢，不引珍珠港之蠢舉，則我國早亡，何能受降哉，此所以不可知也。又言中央日報缺紙，言與紙廠合作，用美援物資自己造紙。五時會罷，余至錦姪家食油麵筋、豆瓣酥，既而賀秀武生日。方仲豪夫婦等製菜甚多，以清燉鰲魚、炒麵為佳。今日作書致江學珠介紹王培禮夫婦往任第一女中教員，又作片樊際昌，請其言於王蓬，准方肇衡考美援會。

　　莊尚嚴七月十八日來信，寄來伊子莊申所寫「北溝」一文，投暢流半月刊。莊君約余秋涼往北溝小住。李敬齋鉛印「人類之迷夢與中國之出路」及「糊塗蟲回頭」兩文，其要旨在用科學方法，重實驗政治，不能偏聽臆說，治事治人不能迷信錯覺。又曰推論淺，則狗似貜差之毫釐，推論深，則狗似人謬以千里。所提口號為

賢明民主、實驗政治,反對一切空疏浮泛幼稚的幻想。

青年黨護黨同志鉛印傳單陳啟天、余家菊毀黨真像,云陳啟天在經濟部長任內用青年黨名義,三十六年向開灤煤礦募三十億,三十七年募六十億,約值黃金一百大條左右,分文未繳本黨。余家菊民國十五年充孫傳芳治下之金陵軍官學校教官,又嘗騙孫二萬元在天津辦一健行中學以繳帳,只撥五千元充該校經費。王、夏、陳、余互詆,盡情獻醜,乃本黨只知需要友黨,將就放任,示範不殼之所致也。

7月20日　晴

晨鄭明來,囑楊廚帶一桌碗去,今日鄭母生日,朱歐生等陪酒申祝,初擬往三陽春包一席,家中人多不能悉往,又擬叫回一桌,包菜甚寡,並無多餘,余乃思自購菜雇廚在家燒一法。彭司務介紹淮安楊廚,係一小胖子,昨日曾陪往接洽,今晚不知手法如何。張壽賢來譚苗栗重行選舉,立院正式黨部未成各節,留伊飲茶而去。立院決議案發表,鄒志奮之譴英論及呼籲其他各國同情兩節刪去,而責外交部長辦理不善,不得辭其咎。行政院長引咎辭,總統慰留,葉公超殆將去也。十一時馮宗蕚以葉部長命來送酒一瓶,前日在圓山余向伊索酒,伊曰雖余不飲,甚表同情,今日云所藏不多,下次再送。葉先生性略衝動,內心忠厚而外貌不殼誠敬,對各方脫略不能盡依官常,其被議處,余若為官作宦,與之同也。馮君能耐清苦,迎養父母亦頗可稱。飯後臥,三時赴中改參加討論農民協會光復大陸是否沿用之會,

何應欽主席，第六組先報告七月四日至十日匪情報告。
余發言主實行土地法，經常注意本黨土地政策之推行及
返大陸後以注意農業生產為號召，一反共匪之所為。六
時會散，至鄭家賀生，陸再雲、蕭家點、弟家幹、王徵
壽、葉均在。天熱菜多，頗不舒適。歸與秦啟文坐廊
下，說何種菜好吃為樂。半夜起，月明如晝，恨不能乘
車出游，雜念四起，起身作詩。

寧樓夜起

遠雞近雞啼剛柔，鳴泉瀧瀧長漸流，
起視明月正滿樓，樹青草碧新加油；
我願此時同車游，吸風零露寫煩憂，
思之不得擁被羞，國幾不國將誰尤；
竟如先烈臥荒邱，一躍而起撱其讎，
我又不能處膠舟，月明無限悲清秋。

7月21日　晴

　　晨至總統府晤胡立吳、許靜芝、譚龍濱夫婦、黃伯
度、葉實之、曹聖芬。寫昨夜詩與聖芬，聖芬見余輓傅
孟真聯，謂個人交情、國家公論皆盡，與普通者異，曹
君可算留心。黃伯度已六十，立吳有壽詩。出，至端
木鑄秋信陽街律師事務所，臨街一室，正忙於電話。余
晤胡、許、葉、端木，皆為子壯長女王為昭籌奮資。三
輪車歸飯，飯後臥。臥起，余又蓀來商為曾女士製衣，
並商請柬，續膠之意益切。余去，余至寧波西街帕米爾
書店繳余所認籌之股一千元。任卓宣不在家，夥云集得

十餘萬新台幣，余恐無此數也。出，至居宅，同居夫
人、居先生坐番茄棚旁飲白馬二盃及啤酒。本日居小姐
因準備考試，未能將留種之大番茄用紙包裹，為人摘
去，居夫人責以不留心，小姐嬌怒。余食花生米，得
一粒形似雛雞，居先生持以逗小姐回笑。居先生又云
考不取台大，將遣往美國，若然則依膝下者無嬌女，
不免寂寞（女年十八最小，偏憐情致可掬）。居先生
今年七十六，夫人年六十，相差十六歲。于先生今年
七十三，差三歲。番茄為居先生自耕，共兩畦，其他
菜蔬成績不佳。出，遇觀海夫人，知觀海病氣喘，病自
重慶得，夏日增劇，觀海夫婦臥處窄又易病。出，至雲
和街，夜飯有乾琴，余不樂飲，同席常州沈毓漢（台中
模範西巷 201）、常熟翁慶□（字舲雨）。翁君為叔平
先生曾孫，頗健談，談香港不易經商，上海人多失敗。
今日張君治菜多，扣鴨、扣三絲、素什景，不及平常好
吃。九時自和平東路搭三路回。浴後臥，夢見豐嫂鍋灰
撲面，狀如痴夢之旦腳，不知主何吉凶。本日陰曆為六
月十八。

7月22日　星期

晨同秦啟文至建國北路，錢探斗藏梅瞿山黃山寫
景，百步雲梯占一三角，有四人柱杖上，第二人作回顧
狀。山岩下結，最下有兩石作槍筍，雲梯祇最上一處石
拱起微遮，神品也。此外有元人畫一幅，亦真。十時在
王家打小牌，飯時無下箸處，王夫人不樂供客以美饌，
情意顯然也。有朱某者（葆芬，字子湘）每日晨四時起

洗衣，早點購燒餅，中午亦不舉火，晚以冷水浴，朱為其妻擦背，同寓皆笑之。打至六時，余過長安橋，山水清佳，暮景甚美。余至三條通觀袁永錫次子。七時陸京士宴顧墨三、錢慕尹、王敬久、洪蘭友、楊冠北、冷融庵、吳開先，食家鄉菜，飲白蘭地，食甜西瓜，九時乃回。施振華留條，伊報告情報員正取第一，塔台管理官班結業列第五，通訊為台北台字第 7342 信箱。

本日崑曲同期在師範學院，余未往。聞有唱京劇鬚生者唱望鄉。

各報載長江水發，京滬車中斷，城鎮遭淹沒，不知璜涇何如。

匪情報告載匪黨民國十年七月一日成立，黨員 150 人，十三年至十六年 59,000 人，十六年清黨後降至一萬人，民廿三在江西紅區發展為三十萬人，廿六年在陝北又降至 40,000 人，卅四年抗戰勝利為 121 萬 0000 人，全面叛亂後 450 萬 0000 人，三十九年底 580 萬 0000 人，其中在部隊（機關、學校、工廠、礦山）者 270 萬，在農村者 200 餘萬，女黨員 60 餘萬人，廿五歲以下 120 萬人。

各國共產黨，蘇聯 680 萬，東德 190 萬，西德 90 萬，波蘭 140 萬，捷克 230 萬，羅馬尼亞 130+ 萬，保加利亞 40 萬，匈牙利 90 萬，朝鮮 180 萬，意大利 250 萬，希臘 40 萬，法國 130 萬，奧地利 20 萬，中共 600 萬，共 2910 萬。

7月 23 日　晴

中央紀念周陳雪屏講小組改造為正式黨部組織法規及選舉法，總裁囑改黨內選舉用記名法。十時至圓山，總裁講實踐學院成立後，以十三期軍官訓練班教育最完善，宜以此推廣於大眾，勢不能盡人而訓育之，被訓育者宜於反攻大陸、抗俄剿匪有所貢獻，莫幻想反攻大陸後本人作何事何事，而置自身於反攻之外。又云官僚作風此時比大陸更甚，口頭且云總長、周次長、蕭高級人員且請酒及於受訓人員，辦公愁窮，此等錢何來。又云將及參謀宜注意通信人員器材密本，臨危時自力奮鬥，鎮定自救，則智慧自生，奇功斯立，勿用電話呼救，致被敵人尋到，被俘被殺。又講衛兵之重要，最後讀組織原理等，十二時半始散。余至中華書局飯，何子星對陳松年、趙棣華及黨營各事業頗不諒，余為解釋。飯後步回隊，臥起閱報。五時至立法院領臨時會公費四十八元，居先生疑為或有五百元者也。在衡陽街購鞋一雙，仍不見佳。至雷寶華家，項蓉已自高雄回，代課兩月，校長不給錢，臨行往借四百元。賀鳳蓀在台電勵進發表週末一文，得稿費 168 元，其寫對婚姻無主意、沒決斷、少勇氣之珊姐甚好，於前段則少照應一個有果斷的人要勝過三個有智慧的人，終算寫出來了。孝實就按件計值和員工生活指導，寫一「如何提高勞工待遇」。余寫夜起詩一首。出，至鄭家夜飯，明外出應酬，食火腿湯及燒豆腐。回寓食秦啟文所購西瓜，紅瓤，頗甜。李翼中派李君送王為昭禮來。

7月24日　晴

　　晨起，粥菜有皮蛋，有雞，雞為賸餘物資。昨晚聞彭廚助手云，魚翅一大盤須一斤半，每斤九十元，用四隻雞之湯煨製。昨有酒兩桌，每桌六百元，共殺九雞，今日粥菜知其為過湯雞也。薛佩琦能講佳里北門中學校況，自台南往尚需汽車一小時，教員祇有化學一缺，餘待將開學時再看。教員對校長無交情者，不肯早說他往，謝長茂夫婦覓就無辦法。薛去項蓉來，八月十四日將婚，而職務、房舍、衣服等皆無準備。思往高雄，則愁夫來路太遠，思住新竹，則愁教職不易得，而白日無人看屋。正慰勉間，王啟江、續朗、張壽賢至。同至三六九麵。即往丁鼎丞先生家，丁先生今日乘飛機赴日（醫治腎瘤及攝護腺肥大），昨夜有人送西瓜，今晨腹瀉。余入室，丁先生尚臥床，線裝書堆紙窗擱板上，夫人年七十七，纏足。余引項蓉入謁，同送至松山機場，秦德純、李延年、王仲裕、孔德成、谷正綱、正鼎、朱家驊、鄭彥棻、谷鳳翔、何子星、杜光塤、于心澄三十餘人皆送行。西北機十二點過後始自港來，加油後將一點，先生上車。余同蓉隨子星歸中華書局飯，子星添菜，飯後食西瓜，乃用三輪車送回。二時半送蓉返雷家。余入中央黨部工作會報，余言職員不可再加、額外亦應有數、加班費應嚴格核發、獎勵金不足為法四點。李宗黃一元獻機運動，余主時間上宜有限制，羅志希謂根本八百萬新台幣買不到一隻飛機，實是笑話運動。余與徐柏園鄰座，知台灣銀行有不識大體者，希望生出事來，及市上有藍皮書及偵探世界，均是香港印刷，誨

淫、誨盜，及謀事而求有宿舍甚難甚難三點。五時散會。過中本，訪張百成、洪蘭友，正開董事會。余拉朱品三來寓，取去王為昭集奩請蘭友寫，今日推寫結果可滿四千元矣。秦孝儀寫夜吟一首示余，余寫夜起一首答之。

七時周賢仲來，候往中心診所西餐。有氣司烤蝦、雞干腓里。同座俞五父子、張久香、李韻清、李宗侃。飯後譚江南鐵路公司臨時股東會準備事項，周君梅竟寄南京江南汽車公司調查表與賢頌，表上吳琢之之外，有軍代表、軍副代表之名。回寓，輔輪社夜會演露天電影，為狗聽音樂能自狂吠入睡，遠處歸來，最後生小犬三頭，跳舞慶祝故事。來賓中有黑衣者兩人較美。十二時睡。

周賢頌講香焦、香毛油皆許商人自由出售，不但售價日落，並因買者希望再落，售不出去。香焦跌至九元、七元，而日人可售十八元，大利為日商所得。香毛油印尼均售一元三角，而台灣貨不滿此數。布於棉紗中攙水不能久存，而議長往往介紹奸商來信託局，請放寬以求利。賢頌問曰，汝所請者為國家利益乎，抑為人民利益乎，抑為汝等私人利益乎，汝等為私人利益，我在信託局月入六百元，願與並命。

張久香曰大商人不謀小利，不於貨真價實上做出牌子，而偷工減料以求獲利者，賤商也。因舉盛澤紡五月後必改換商標，越出越壞，五月之後不能再壞，乃停工不造。又有改抽經條，使料薄，一觸即破，皆當時陋習也。

　　劉文島於訓練工作總檢討會上曰南部農民認為糧價
過低，即蕃薯亦特低。今夏南部雨天較多，番薯不能曝
曬，其價為商人壓低，農貸因手續過繁，不願接受。布
匹實質已變，雖有供應，亦視若尋常。一部分農民云對
三七五減租反蒙其害，因地籍不明，估價欠確，於是地
主收益反為增加。同時地主與農民訂非法契約，將雜糧
依正產品為折算標準。漁民缺乏避風港與冷藏，鹽民為
地霸剝削，亦極辛苦，此為台灣之病態。

　　工商日報對國民黨改造的罪言：（一）精神上保
守，口頭上革新，無去腐生新之驚人舉措；（二）黨的
組織雖較前嚴密，而範圍亦隨之狹窄；（三）不善宣傳
與保守作風有關，中央專責指導，下級怕動輒得咎，因
之宣傳工作便欠活潑；（四）為民除害、為民服務之事
例不夥。

　　馬濟霖報告，各縣市知識青年黨部均感於青年、民
社兩黨在許多學校活動，群主青年黨員年齡改為十六歲
以上。苗栗農校校長陳克英三十七年入黨，但由教員邵
增樺之介紹，即加入青年黨。教務主任馬識途係老青年
黨員，以故本黨同志之任教員者，多有跨黨嫌疑。苗栗
大成中學、南投竹山中學青年黨活動均甚積極。

7月25日　晴，下午四時起陣，並未大雨，仍晴

　　晨閱報後，整理書桌。項蓉來，同至士林問陳所長
有柑橘否，陳答以無冷藏庫，雖已做到後花前果同在一
樹，較優於從前之後花不見前果，但五月已下市，七月
將盡，已無法尋覓矣。項蓉為段君內弟在高雄做橘子

水，銷行於醫院及美軍間，故來問詢。劉大悲導觀第一防空洞旁民房一間，月租一百元，沈宜甲為彭襄準備者。大悲留吃來亢雞蛋，余等謝之。子仁贈項蓉蓮霧一串，形頗美觀，味不佳。十二時歸，與蓉別，回寧園飯，煮肉便覺不佳。飯後臥，臥起泡茶，與陸君及阿雲開茶話會，譚大司務做菜之派頭。六時到錦姪處飯，黃瓜塞肉、線粉湯及千張絲小白菜，小白菜微苦，覺舒適。飯後銘孫醒，昨日始剃胎頭。余至秀武家談項蓉不曉俗務，而方肇岳過於精靈。問佳里化學教員，秀武嫌遠，且云江學珠對王培禮問長問短，或有延聘意。未幾向采返，因考試及處理公務殊疲。余出，立中正北路，擬搭乘赴草山便車，見余而停車者，陸京士夫人、查次長。後遇黃少谷車，適奉召往草山，上車至財政部停。余走至撫順街口，閔石麟又停車候余，譚停戰後中韓將何如。余曰聽之意緒，又落合併後上海與申朴時矣。余回財政部與陳慶瑜譚停戰後日本經濟將劇變，波浪將及台灣，宜準備：（一）宜愷切曉諭台人及在台人，祇有國家利益或人民利益，不能有中間利益，當時勝利後得劫收利益者而今安在，此時覆巢之下無完卵，尚有他計乎；（二）近時人心因簽不上和約及議和又勢利浮動，經濟安定比不上去年，宜一切沉著，勿貪小利而惹浮動；（三）財部宜添一財政次長；（四）出在車上與少谷論黨中詩人一回，亦嘆零落。抵草山，入謁稚暉師，氣候比台北涼甚多，而先生仍裸坐，以汗巾圍於腰際，云受涼不易起立。余問李宗黃所託，云已辭謝。余告江南鐵路公司將開臨時股東會各節，師云艾企蓀、馬歇兒

之下，美國不演風波亭，危乎其危。余陳國史宜於握政權時寫定，請師便中陳於總統。時已九時，於陳凌海夫人取得侯佩尹入台證一紙，即至眾樂園，云公共汽車已停班，接美軍者十時有車開至總統府前。余電話夏武官功權，請少谷候余。遇桐城施君，語眾樂園現住美軍六十餘人，每兵宿一元，晨餐六角，午餐一元，晚餐一元二角，日費三元八角。將官宿至二、三元，皆付美金，故後勤部有利可圖。舊時廚子尚在，包飯中飯時人少可以來吃，中西菜均可定。正譚時，有美軍吉卜車空回台北，施君為余介紹司機青島龔君，送余回寓，路上車速景佳。

7月26日　晴

晨往中本晤朱品三，取蘭友送王為昭喜份，張百成尚未到。上端木鑄秋三樓辦公室送胡立吳履歷，秋尚未到。入紀律委員會，林克中問伊等送為昭之禮太少乎，余曰不少，表意不在多少，且余已得集四千元矣。與諸人論案許久，乃回，飯後暢睡，翻閱大陸雜誌。今日得徐景薇塔克薩斯七月十五信，囑向黨部登記。鄭道儒信允為朱葆初改名義，余覆朱福元日本東京，寄入台許可證航掛，寄侯佩尹費時不少，幸下午無人來訪。而譚訓聰之內侄劉文麒來，請保訓聰忠貞。余念在港澳之同胞苦辛，又閱民主潮記川西共匪的暴行，云向育仁解回仁壽原籍公審槍斃，嚴嘯虎成都警備司令，起義後被清算，槍斃於簡陽原籍。余中英成都市長，被公審時市民高呼清官殺不得，因此遭逮捕、槍殺又二十餘人，而余

亦終於槍斃。皆係前年相晤之人，不禁心痛。乃走至錦
姪處飯，乾蒸蛋、芋艿絲、豆腐及雪裡紅、百葉湯。逗
銘孫，坐車爬臺口，飯後至雲和街辭明晚飯。還王豐穀
以任悥曾所還款，豐穀新受葉溯中書局聘為營業主任。
出，至居宅，居先生方宴叔寧之補習教師，余同夫人、
叔寧飲燒酒一盃。欲訪問陶希聖，辭發言人及第四組主
任皆罷，而以蕭自誠繼，何故未得，鄒海濱先生亦不
知。又探問吳觀海病，亦未得。正候一路車，而吳愷玄
方訪張道藩歸，停車載余返寓。寫日記時熱甚，候樓下
宴西人席散，乃坐草坪蹺腳休息，燃香煙一支，關閉四
圍電燈，頗得靜趣。桌上有晚香玉兩瓶，有飛蟲暗中來
尋覓。

　　博物館研究員馮用來訪，未晤。

7 月 27 日　晴

　　晨到立法院一次，晤立法委員多人，皆云不敷開
支。余查去年亦發千元有零，今年物價貴，有家眷者自
然不敷。歸寓，閱鍾梅音「冷泉心影」，其人住花蓮臨
海，筆路頗有綿密工夫。修覆徐景薇書。下午黎子通
來，出小虎子港信，綴英書云「大叫烏嘴保，勿寄函各
人，蘊亦不要，筠一切都不要。筠件到，言午亦到，言
處三月後要的好年底恐不能了，荷初已去北京做工，皆
吉，勿念，方人也已轉去。」二時半至新亞參加蘇松太
同鄉茶會，徐燕謀、陸京士、茅怡安、安蔚南均至，俞
成椿演講，盛女士、夏校長報告。散會，盛、夏、李、
李、朱同到寧園小敘，款以茶。夜暢流宴客，李韻清、

郎靜山將往日本，陳定山、陳紀瑩、傅紅蓼、張道藩、
錢韻荷、雷儆寰等。食時極熱，坐草坪後得風，西瓜衹
吃一塊，覺腹漲，食鮑魚太多了。道藩登樓講蕭自誠四
組主任經過，亦不詳更動緣由。客散後浴，浴罷乘涼一
回即睡。

7 月 28 日　晴

　　上午粥中有菉豆。九時至中央黨部，今日下午直屬
區黨部選舉，胡光炳等貼大招運動選舉，七人當選，
二十餘人活動，胡君云有六十至八十票。余在胡希汾、
秦孝儀房略坐，希汾示余祖母的憶念，寫得逼真：
（一）云她的錢只是為我們換了紙灰和湯藥；（二）清
明在廣州得秀妹信，知祖母獨自去掃了墓。十時紀律委
員會派余研議黨部處分辦法。散會後到李君佩家談案，
伊家香蕉正開花，君佩先生甚喜。在居夫人處飲燒酒三
盃，與叔寧談笑，居夫人講李宗仁提居先生為行政院
長，伊藏居先生於嶺南大學求免。飯後歸臥，錢石年丈
來坐，焦立雲熨斗燒壞電線來譚。夜飯在寧園，夏心客
來飯。飯後到錢中岳寓小坐，庭園已整理較佳。余與沈
計中入戲場，遇李炳瑗、賀衷寒、柳克述、俞大綵、大
維、毛子水等，李奇峰清風寨，秦慧芬起解。十一時戲
散，食粥後睡。

7 月 29 日　晴　星期

　　晨李家瓊來，贈米酥及蓑衣丸。伊怕檢票有誤差，
一張罰五十元，每日須檢一萬五千元，伊僅能八千發一

萬，鄭明助伊二千。黎子通攜婦何及五歲子來坐，子通薪自 250 加至 300 元，夫人在板橋半路遠東織造廠工作已五日，廠中留飯，子送入託兒所，日寄夜回。廣東同志蕭君來坐。余同錢中岳到雙城街二十三巷十七號訪杜逢一先生，杜一女嫁蘇君，家中眷口同同鄉來者甚多，皆松江話，食西瓜後回寓。下午天熱甚，閱自雷儆寰處借來之人民畫報三期及中國工人畫刊一期。葛建時引溧陽二同鄉來坐，云許聞天已自北京返溧陽，張為公腰斬等息。項蓉引其未婚夫朱世楷來坐，余請往山西館便飯，將蓑衣丸食盡，尚未變味。又帶一捏酥與雷陸望之之姊，尚未引蟻。歸寓至鄭味經家引林在明，明、怡、戡同過中心診所，思食冰淇淋未得。繞植物園一周，擬尋何容，為鄭戡、鄭超兄弟擬移讀國語小學，未遇。歸，至雷孝實家，其子病寒熱，女與賴景瑚女準備明日考英文。余等食西瓜，孝實撇笛，望之唱曲，余和之，不甚入調，而孝實謂極風雅，比同期一味亂唱似較有咀嚼也。孝實指驚夢兩字後，三字兩句，又復重複一次，謂極細致，謂宜輕慢以引睡魔，此意甚合。在孝實處又見徐叔謨自海牙來書，囑為陶一民安頓，此亦難題。十時項蓉送余中山堂前乃別，朱世楷九時車回新竹，蓉婚期將延至四十一年一月一日，如是則蓉可接受高雄女子中學校長陳頤之聘書，書中約期至明年一日。回寓後浴。今日晨六時半，王樹芳自日本飛來，夜聖約翰同學會在寓開會。

萃弟在冀西工作人民畫報。冀西沙荒造林運動，三十八年以老磁河、神道灘兩大沙荒為中心，建立防護

林五萬六千畝，植幼樹九百多萬株。

　　人民畫報之編輯部，北平府前街石碑胡同甲二十二號，營業部在王府井大街三十五號。

　　王澄在淮河上游工作。內政部匪情周報云依河南、皖北、蘇北三個行政區分為上中下游。上游包括老王坡、吳宋湖、童湖等地蓄洪工程及汝河復堤工程。中流包括淮河及支流各河之復堤及淮南煤礦、蚌埠市兩處防水堤之興築，以及正陽關河床疏浚工程。下游運河重點培修工程。三十九至四十年工程以減輕水患、重點興利為主，四十一年工程以舉辦山區蓄水庫並整理河流為主，四十二年之工程以完成水庫、擴充水土保持工作面積及治河為主。蘇北沂、沭兩河亦動員民工修治。

7月30日　晴，小型颱風

　　晨整理書桌。入中央黨部參加紀念周，谷正綱報告特種、青年、工礦、民眾運動各情形，禮成後歸寓。吳瑞生來講岳母已無悔婚意。下午閱匪情彙報。颱風過菲律濱，基隆雨，台北祇風吹玻璃窗搖動。六時至鄭家，味經嫂自基隆返，云鄭澈自梯上跌下傷臂。夜飯後同林在明走龍山寺前一次即步回，往返兩次覺力乏。胡光炳祇得三十餘票，得七十餘票者祇列候補。胡君為聯誼會中人，與芮晉等稱四大寇，被擯或因是此次票受控制，亦有人說控制太甚者。張福濱來說伊父及弟自南雄轉廣州來此，現寓中十四人，一人占不到一個撻撻米，極苦。中央又將取消每月 100 元津貼而取消研究會。

7月31日　晴，颱風

　　昨夜玻璃窗軋軋坐響，余吟云「風吹一夜樹頭動，日上三竿雨腳搖」。颱風自小呂宋登岸，曾拔屋頂，台北為尾巴經過，有風無雨也。湯文輝來求作書，與陶一珊求為路警之區隊長。徐向行來，云患心跳病。陸再雲來訪，將為會計師。錢探斗來換錢。飯前彭爾康、商文立、羅霞天、彭鎮寰等諸立法委員之屬於經濟委員者受農復會招待，余下樓晤趙聯芳等，有水利局長講防洪與農田水利不一致，及分水與蓄水庫之關係。其人先在福建工作，勝利時來台，謂近靠農復會美援，有許多日治所未完成之工作得以完成。飯後諸人一大車上淡水，余送之。入中央黨部參加工作會報，諸人商直屬區黨如何方可開好。最近芮晉攻詰郭澄自二輪而五輪，並接受附屬機關之供養，其實即齊魯公司姚容軒車，容軒讓陳良，陳良以有車讓郭澄。諸工作同志又要求制服，余謂祕書長宜向工作人員說明國家現日窘況及中央經費困難各節。次商一年來工作報告是否發給中央委員會，余謂宜請開談話會並發印刷品，張其昀謂應請示總裁，總裁似極重中央委員開會。次討論羅家倫開國名人畫像託郎靜山攜往日本製版一節。六時散，往鄭家與味經譚管理保管箱之規矩。飯時有蝦米燉豆腐，飯後回，閱報洗浴早睡。十二時又起，飲水再睡。入夏，今晚關玻窗防風，仍悶熱也。

　　夜飯後傅光海來譚黨部組織成功之後，宜有確切工作之重要。

雜錄

袁冠新，徐州路紹興南街 16 巷四號。

沈宜甲，延平南路 74 號。

陳慕貞，螢橋外中和鄉中和路頂溪洲站前邊新之菜圃
　　　　張瑞貴公館。

朱育參，泉州街 41 巷十四號李張，台航宿舍。

張劍鳴，博愛路永大旅社 203 號。

狄君毅，基隆台肥一廠，廠長陳垚，囑信朱謙（伯濤）。

陶明達（一民）、戈劍農，和平東路一段二五○號。

馮亦吾。

張振書，台灣鐵路醫院，北大醫科。

喬廷琦，字席珍。

王延齡，九龍荃灣南海紗廠，薛興漢亦借與金秉全二
　　　　百五十元。

李唯恂，江陰人。

朱德羣，仁愛路三段空軍總部正義東村 180 號。

陳泮藻，羅斯福路三段一巷 49 號。

曾祥和，青田街九巷十五衖一號。

黃君璧，溫州街十六巷十六號。

沙學浚，溫州街十六巷十八衖三號。

沈亦珍，青田街一巷七號。

李孟暹，妻傅勤家，梅必敬表妹，西寧北路三巷廿號。

秦純卿，香港堅道城隍街八號二樓王翠微先生轉交。

陶德麟，電話號 2023。

池澎，守法街廿九號地院長官舍。

欒筱文，嘉義結核病防治中心主任，嘉義國華街一一二號，電話二〇〇三。

徐步青，高雄六合二路三十號。

侯德基，高雄建國三路高雄中學高一下二組。

侯雋人，高雄新興區東坡里林森橫路（七十號內）伍拾捌號。

朱世楷，新竹空軍八大隊卅五中隊機務室，天津人，蓉未婚夫。

項蓉，高雄鼓山區登山街五十一號段副局長公館，Lily，廿五歲，十月初一生。

姚兆如，高雄旗津（旗後）水產學校分部（渡船場擺渡），嘉義飛機場大門外重機械廠嘉義工務所。

戴恩沼，資源委員會機械修運處重機械廠，高雄市前鎮成功二路五號，信箱第五八號，電報掛號高雄二二四四。

楊襄康（任可），竹東新竹縣立竹東初中。弟襄明，新竹地方法院檢察官，娶沙上朱氏，住新竹中正路 129 號。

言魯，即陸克也，台南旭町四六五二部隊直七部。

任卓宣，台北縣中和鄉外南村六十四號。

吳寅介，字頤伯。

周君梅，九龍園圃街一號江南鐵路公司。

俞叔平，南陽街二〇號三樓，7440，杭州南路一段 111 巷卅號，6759。

金迺揮，蘇州裕隆醬園經理，博愛路 163 號。

錢希，字慰慈，在鎬城港寓。

錢其康，新北投溫泉里六九號之一糖業公司，電話
　　　2764。

邵佐新，蘭溪人，台南市進學街三十號。

謝仲仁，廣東揭陽，中正西路 137 號二樓。

中國憲法學會，和平西路一段 78 巷二弄 21 號。

徐祖武，香港中環永吉街二十五號二樓義豐顏料行冀
　　　家熊君收轉。

金秉泉，香港九龍碼頭圍道 81 號地下。

項士揆，陸渡橋人，遷出三代，物資調節委員會專員，
　　　建國南路大華新村三號。

汪芳淦，中正西路 155 號，物資調節委員會，六九一
　　　一一一七轉人事室。

毛震球，金山街卅五巷十五號。

王師曾，吉林路五十一巷三號。

丁秉鐩，妻馬崇懿，丁君會說相聲。

張叔良（此係張錦湖之子，錦湖開弔余挽之云「雄才大
　　　略令名碩德，高年峻節愛民惠周」）、張李
　　　異琨，中山北路一段二十二號，四〇九二，
　　　聯安影業董事長。

王文翰，泉笙子，新屋落成。

張宗良、徐君佩、劉定國、劉潤才、端木愷、孫丙炎、
唐公毅。

姚冬聲，光華律師，衡陽路三十二號。

李家祜，重慶南路一段六號公路局美援小組，李家瓊。

沈寶華，維百子，台灣銀行保管箱管事，愛國西路四十
　　　二巷二號。

強恕中學，南昌路同安街二十八號底九號，四五二九。

白瑜，浦城街丁字十四號。

張莼漚，新北投光明路 172 號工礦公司門市部樓上，
　　　北投六十四號。

8月1日　晴，颱風

　　晨風翻樹冠，作獅子舞，飛沙入室，至下午而息，颱風尾巴安然過去矣。自三十七秋遭遇大颱風，三年來台灣皆幸免，頌者以比重慶八年連熟，天助中華抗日，謂自總統復職後精誠所感。余謂人民及國家不受損失，足以減少虗慮，自足慶也。上午入立法院領薪水，遇周肇原引余上四層樓休息。領款時遇唐文和，託富喬帶尾息與徐向行，又遇王培禮，方肇衡將投考美援會。得款後歸寓。有常州人王慕曾來問，有長姑卒，長姑幼曾割股療祖父疾，自後不嫁，祖父命某房孫為之後，稱之謂父，則其人是女，呼之為母，則伊誰為父。楊佛士云是宜稱伯姑。余告其自稱期服姪，奉祖遺命服斬衰，此為無於禮之為禮，不合於不二斬之義。今後男女平權，遇此等例應如何稱謂，費研究也。下午三時出席改造委員會年度工作檢討，日間論組織，夜論宣傳，分優點、劣點及改進意見，余反對設模範黨部。七時飯，飯後有瓜。八時至十時間食白熊冰淇淋，余九點五十分歸。今日君佩先生月會後有寒熱，昨日諶忠幹云稚暉先生脈搏間歇，余兩憂之。

8月2日　晴

　　晨驅車往訪李君佩先生，寒熱已退，伊家下女見病，拿腔請假回去，現劉和生為招呼。十時列席中改會，商雙邊簽不上之應付辦，羅志希云菲拒簽，俄亦不簽，簽不上仍自奮圖強。陳辭修報告顧維鈞來電，美命我與日商，總統謂向戰敗國求和，無此辦法。十二時返

飯，飯後得臥。四時檢討會論民運，夜論訓練。余於新
辦事無成績者主不列入優點，張明、谷正綱皆持不可。
六時半回錦寓飯，伊等留黑黃蛋與我，謂在老大房特
購，余打開仍黃色。七時曾同張道藩、羅志希入公園送
郎靜山出國，遇王平陵、王倉倉妹及父母。八時仍坐中
改，十時散會乃回，於草坪食西瓜，浴罷乃睡。

8月3日　晴

晨至中本取款，上樓與張百成譚話，請吃生煎包
子。又與趙耀東譚，坐三輪送歸於朱品三處，知京士安
抵香港，杜月笙先生病不嚴重。午飯後睡，三時半至強
恕中學，同冷欣、衡權商江蘇無飯票難民救濟款，擬寄
與楊管北君收。五時在黨部檢討海外黨務。七時在雲和
街七號飯，徐君致余侯雋人片，知其子又患吐血。飯後
再至中央黨部，檢討財務與黨營事業，至十時，謂再將
檢討黨政關係，余乃歸。食西瓜，洗浴，休於草坪，吸
煙一枝。此數日牙軟齦痛，搖搖欲墜之齒，感覺不便。

8月4日　晴

晨項蓉率其未婚夫朱世楷來，為蓉之身分證母項郭
氏誤寫吳項氏，應更正而求有鋪保，余乃託味經請林在
明覓之。林在明於清晨來，余交伊五千元以資周轉。伊
謂自香港購西藥較速，於美州購較貴重之藥，則包裝較
小。三時至中改檢討，四時至台糖為工礦黨部講紀律，
雷孝實在照呼。五時又回黨部，檢討社會調查優劣改進
各點，至七時而赦，余與七副陳漢平飲啤酒解渴。散會

同五副張壽賢入汪公紀寓祝其婦生日，蔡元、張震西、
金輅、馮宗蕚皆在，略飲白馬而歸。牙齦仍不適。公紀
借余自法攜歸之香書。回寓，向、秀、岳、福生來，見
余疲倦，十時即去。

8月5日　晴　星期

晨六時起身，同秦啟文走至圓山動物園前，園門未
開，乃乘車回車站。余獨在同慶樓吃炒麵。入樓桐孫
家，問八日晨江一平約集余處何為者，桐蓀方送子考學
堂。回寓，周賢頌、俞俊民來。十時江南鐵路開臨時股
東會，到吳鐵城、李韻清、冉鵬、李玄伯之女李叔陶、
居浩然、張九香、齊永延夫人、洪紳、孫清波、王毓
琛、陳長桐、侯銘恩二十餘人，余被推為主席。議決推
石曾先生為總經理，未回國前周賢頌為代理總經理，解
除周君梅副總經理職務，在美、在港存款由代理總經理
處置，查帳由中國、交通及交通部股東代表為之，會計
師由交通部介紹等案。十二時散會，飯二桌，又食西瓜
乃散。施振華又受通詢全能訓練六個月卒業，改姓名為
羅粹豐，將來派往何處不可知。伊手頭無錢，給以二十
元。施去後，余略睡。三時至館前街合作金庫參加崑曲
同期，臨街三樓，頗為風涼。拆書張穀年、趙丑慢吞吞
的妙，餘為折柳陽關，以張振鵬起外的沙喉嚨唱生，覺
不合式，所以蘇州派腳色須唱整也。徐太太電力公司事
將有問題，云是朱一成不幫忙，浦薛鳳已作書，周由端
亦允幫忙，余亦極為同情。六時食大包後歸飯。夜飯後
本擬往錢探斗家，得秦啟文電話已患人滿，乃不往。

在東廊蹺腳閱自由談，以王施惠譯麻瘋女比蒂 Betty
Martin: *Miracle at Carvillen*，自述係從節本譯出，麻瘋今
稱漢生氏病 Hanson's disease，是紀念挪威科學家漢生
Gerhard Hennik Armauer Hanson 發現暗紅色桿狀菌，
在 1873 年十分與結核桿狀相像，在人體內潛伏爆發肆
虐，然後滅亡。王施惠譯稱玫瑰色之病，初起發現玫瑰
色之斑點，嗣後耳垂發腫，眼皮漸漸加厚，眼睛患赤眼
而至全盲，以至於形體不正常，手肢萎縮。作者到迦維
納治療院用布路明注射治愈，共經過二十年，想患者心
理極真實，譯者文筆亦極佳。

8 月 6 日　晴

　　晨八時車來接往中山堂，過早，立法院職員到者極
少。九時聯合紀念周張其昀報告改造一年，四十分鐘
畢。到工業專門學校，本黨夏令營開學，聽谷正綱、張
其昀、吳國楨、劉文島演講。十一時半返寓，已熱。飯
後略臥，吳瑞生來，朱品三來。三時至中央黨部檢討敵
後工作，七時乃散。余往鄭家取得保單，送往雷家後，
即到渝園同張道藩、胡健中、羅家倫飯。味嫌辣，座嫌
窄，火車過時地動山搖，四人吃了七十元，亦不便宜，
非佳處也。便飯後即返。李涵寰來，練習肌肉極為健
實。十一時上床，夜半熱醒，風吹又有颱風樣子。

8 月 7 日　晴，下午六時後大雷瞬雨

　　晨在家未出。下午臥起，吳瑞生來。余今日上牙齦
有一處出微膿，焦立雲為刺破。四時半至中改檢討設計

部分至六時。余至王子弦家尋子壯嫂不得，乃至壽賢家
交王嫂三千六百十元，其中未收到者一千九百四十元，
余借款墊付以便購物。七時至鄭明家飯，明煮飯衣服濕
透，云李家瓊亦肺弱。飯後即至中央黨部食西瓜三塊。
八時先檢討紀律，對大陸從逆黨員及從政黨員之管理，
諸人有改進意見。余報告時大雷震斷電線，天入烏黑。
蕭自誠於九時許來，因行政院有設計委員會，陳誠曾評
中改之設計謂不合實際，自誠怒氣中燒，說主席王顧左
右而言他，胡健中、張其昀尚能忍耐，張自責聯絡不
善，胡說明檢討意見自設計委員會自寫之報告取材。十
時余返，洗浴後即睡。

8月8日　晴

　　晨九時周佩箴、樓桐蓀、江一平來商，擬進謁總
統，取得自由譚話之機會，以解釋現局，籌商反攻，以
減宵旰憂勤之苦，命余約期。余款諸人以茶及西瓜，十
時三刻方去。沈崇宛來，送鹹蛋。戴丹山亦來訪，云香
英心跳外又病感冒。十二時飯設桌上，客乃去。下午臥
至三時，入中央黨部總檢討改造綱要，余於二、三兩條
略有陳述。回錦姪處飯，亦有臭蛋。到和平西路二段廿
六號徐炎之家，商九月三日同期兩周年彩慶節目經費職
務分擔，趙友琴與余均認兩百元。商議兩後皆曾唱曲為
樂，李宗黃夫人謂高低當依原註宮調，如游園唱得太高
便不樂。十時返寓，知劉啟瑞來，未能見到。

8月9日　晴，下午陣雨　陰曆七夕

　　起身後劉啟瑞率子來，云馬成坤反訴啟瑞破壞名譽，余允為辯正。九時尋查次長，未獲晤見，到台大法科，亦未見到，十一時半始於司法行政部晤查為說明，請對馬駁斥。九時中改常會，陳誠主席，余於考試委員之為同志者請求參加政治小組第五組，擬聽其自願報會備案，余持不可。十二時到立法院取糖後歸寓飯。飯後臥，臥起，候國防部保密局中人來，三時未至。余至中央黨部，檢討改造綱要實行至何程度。五時半休息，即歸錦姪處，而保密局周端甫（正）、潘其武來尋余三次不獲，甚歉然也。飯後至寧園，雷孝實來說羅衡飛赴李彌軍中，伊贈句云「聞君忽遠行，惆悵何能已，天南日色佳，鵬程從此始。」又攜來岸內糖廠經理鍾幼棠致□蕙如信，有意聘謝長茂為教導主任，惟祇有軍人宿舍。陳行舟及談龍濱夫婦來譚唐祕書振楚與秦孝儀總統府與中央黨部職務互調，周宏濤有不悅唐君之意，唐與曹聖芬約龍濱入府內工作，現唐君調職事已中止，余亦不表贊成。又譚台大開除生李□成請求復學不計，輿論集矢於鄭通和，余為解釋。本日七夕，余念逝者，不能為懷。

七夕

嚴雲漫宇橋何處，虛約嫗人骨已枯，
跨鶴尋余扶得起，一軀飄瘦若秋蘆。

8月10日　晴

晨為錢錫元索海軍部欠伊貨款二萬三千元事致書桂率真，請派員持款照付，以卹商艱。又覆澳門萬繼勳書，託伊尋徐竹若、盛詠南、趙志成三人。朱佩蘭來，錢桑圭來，申慶桂來。余同桑圭在好公道食生煎飽，並帶歸十隻。下午臥，三時送利息與鍾鑑舊人。入中央黨部參加總檢討，胡健中欲派余整理文字，余求免。六時至雲和街，先去唁王祖庚喪父，摩詰先生六十八歲，卒於上海。繼往顧儉德家，蔣君款余黃香瓜。七時在豐穀處飯，今日七月初八日豐穀生辰，下麵。有寶山吳淞二十四歲之吳庭芳（人麒女，在國防醫學院工作）亦在座。九時乘電車回寓，閱香港報，廣州有法政街敵酋為民眾殺，卻不知誰某。

8月11日　晴，有颱風狀

齒齦出膿較多，服消炎片無效，頗為悶悶。上午未出。下午三時至錢家，在王太太處約陳敏來打小牌。十時散，乘車歸寓。前記上午未出者誤，余曾至和平西路延國符家收王為昭喜禮，又至陳桂清家，伊出未晤。在韓同家小坐，有一內親擬謀基隆小學教員。又至陳志廎寓，伊患風濕，怕風有寒熱。

8月12日　晴　星期

晨至俞五先生家，時中方起。至苗培成家，其夫人王大夫勸余拔牙，余主敷衍政策。伊謂出膿之牙不止一處，平時膿入腹中必多，君自不覺，不如照相後看，可

留者留，該拔者拔，約明日上午到陸海空軍醫院檢查。
十一時同時中到蓮園食廣東點，味不佳，惟座位寬大，
三十桌可開在一起，臺北無此舒暢處也。十二時在鄭家
飯，澈臂愈，皓未生產，明往基隆，怡加班，菜由小叔
燒成。余飯後即歸臥。牙病之後，顧慮甚多，秦啟文設
詞安慰，頗為可感。三時半俞時中上樓來，請同伊尊人
及周賢頌同上草山。吳稚暉先生方臥，俞勗成、吳則中
在寓。余等候半點鐘，先生起，空心長衫外罩棉半臂，
云六十四歲喜走路跑山。初跑李濟深被禁時，自湯山走
至句容，自別一道經土山鎮而回，自驢背跌下二次，同
驢及驢夫走回已暗黑，此後常於清晨自湯山步行入城，
過村店入茶館小休，極為開心。洛陽至嵩山，自少林寺
上太室，不依正道，及上廬山漢陽峰跌下，幸攀樹枝得
免死，為兩大笑話。走至三十三年十一月廿八日，自柏
溪回，不能小便，賴晝三為疏通，嗣後遂不能遠行。
三十八年十二月十一日在台北小中風，余之先父及外祖
母皆因是致卒，余嗣後乃喪失興會 Activity。此外又有
心藏病，及總統請往游雲南石林，飛機高越萬尺。余與
戴季陶尚好，最不能支持者則為吳達詮。余血壓曾高至
260 度，平時自 140 至 170。余之脈搏常為五十餘，跳
間歇而無規則，聞醫云有規則之間歇頗不祥。至血壓則
有一法國同學云如為中性，則高些低些皆無關。至於腦
充血，余謂腦殆已無血，故余諸病均不至礙事。近作一
聯云「沉默為最好之防空洞，端靜是穩建的百歲坊」。
陳伯南、李揚敬皆囑書此聯，君武可以自書之。今日李
叔陶來，曾與論中國人、法國人之懶，英國人幽雅，在

歐洲不見有卑鄙之態，美國人則為新殖民地之產物，以
緊張為第一義，吾人宜效法其緊張云。又勗俞時中以
「中飯」二字能在外謀食，則勿歸。次又大論廚子謂石
曾先生曾蓄意開飯店兼旅館，集美金五十萬後，以尋不
到張澹如新雅廚司未成。次又講論語、孟子及大道之行
各章，云宜先做到「貨惡其棄於地也，不必藏於己；力
惡其不出於身也，不必為己」二十四字，其他皆是襯得
好看的話頭。

余修上總統書，請給予從容陳述之機會，在後草山
約見周佩箴、江一平、樓桐蓀，余擬同謁。在吳師寓探
夏武官不在，乃電話蔣孝鎮來寓取信。

六時半歸。八時在中華書局飯，陳夫人煮菜心肉
圓，又有日本鹹魚蒸蛋。飯後歸。孫伯顏語我畫三平
安，生意仍盛，又云畫三膽大則將君武之照片壓在診室
玻板下，膽小則戒一切信，勿與通。

得謝長茂書，新營糖廠小學聘伊任教導，待遇、環
境亦佳，宿舍均較岡山為優，八月十二日遷往，岸內事
已謝鍾廳長、李主任，並謝雷協理。得劉啟瑞書，馬存
坤反控伊妨害名譽，本月十七日傳訊。得劉象山信，九
月鳳山正式黨部可成立，任務完成即返，希望行政院發
表為設計委員。得大陸救災總會公文，問江蘇在港受款
何人。酸鹹雜下，心意難寧。

8月13日　雨風

晨紀念周，聽鄭彥棻講總理六十歲，三十年在海
外，興中會成於檀香山，同盟會創於英法，中華革命黨

創於日本，此番反共抗俄，華僑傾誠擁護總裁，極為忠勇，亦必然成功。出訪查次長，云已關照地方法院推事，傳劉啟瑞者乃問明經過而已。出至陸軍醫院，請苗夫人檢查全口腔，云無一齒能任嚼斷工作，大體有膿，須分五次拔去。今日先服藥除膿，俟余考慮定後，再為治理。余於待診室遇鈕惕生先生、鈕小姐、田烱錦夫人、秦德純等，俞時中亦來照呼。出又遇王培禮夫婦，亦害病。歸寓，送煙、茶、蛋、魚、肉、醬菜與孫秀武。歸飯，飯後臥。同焦立雲出，至榮元，擬兌飾金未得，同張、洪、何三君譚。出尋益祥輪船公司，索得楊管北港址。遇劉航琛約往飲酒。到樓桐孫家，夫婦抱病。歸作書楊管北，求其肯收蘇胞救濟款，鈕長耀已兩次來催。六時至鄭明家飯，皓仍未產，澈雍興介紹伊入農林公司，正為填經歷缺證件憂慮。余過新亞，段、章愁生意清，難以開支。大概下江人幾乎全失敗：（一）因房租重，台灣店不如此重壓迫；（二）因資金少無借處，台灣商業銀行供台灣人借貸；（三）因開支大，初時不在乎，三月而力竭，加以生意清淡，便不能維持。此與香港上海派失敗性質相同。

張太翔五憶詩詠蓴菜，云「紫宜微老綠宜生」。秦啟文云菱角其鄉金山下圩最美，李芳華云嘉興人於春醃油菜頭與馬蘭頭，夏日食之極美。

奧龍 Orlon：美國杜邦公司 Dupont Co. 在尼龍 Nylon 之外新出品，原料與尼龍相仿，從牛奶、五穀、花生、鳥羽、石灰石、石油、天然瓦斯、煤等物提煉，出來是無色的膠狀液體。在透過極細之網目板之後抽成

細絲，浸入某種化學液體中後，就擬成固體纖微，可以
紡成絲紗及棉花。

8月14日　雨風

　　晨，牙齦仍流膿。十時林在明送盤尼西林片廿五萬
單位者兩粒，普通五萬單位一片，故分四分之一塗於患
處，不知能止膿否也。陳桂清來送帕米爾書店百元，談
院中事一回而去。飯後臥，三時至中央黨部參與工作
會報。四時畢，至雷孝實家攜項蓉至秀武處，秀武病
寒熱，培禮夫婦、香亭均病。出，至銅象側某樓吃餡
兒餅。走至博愛路與別，搭七路車至鄭家，明煮菜甚
佳，飯後食鳳梨乃回。又忘帶房門鑰匙，賴焦立雲鑽進
開門。

8月15日　晴風

　　昨夜含盤尼西林片，今日流膿還多。九時半走中央
黨部參與總結論，諸人分頭起草，余核閱已油印之檢討
結果。十二時半飯，飯菜至不好吃，而胡健中已云改
良。飯後曾虛白送余歸寓，略臥。三時又至黨部商總結
論，至六時半祇討論到組織。余歸錦姪處飯，燉豆腐、
乾菜湯、豆腐干肉絲三菜皆可口。明孫漸會吵，錦愁一
人照應不周。飯後余尋雲和街 120 余又蓀不得，索得曾
蜀芳診所地址，流膿之齒不得免於拔去。出，又至鈕長
耀家，知楊管北已有電話來，允在香港收款，俞成煐二
次懷孕將產。

　　晨六時鄭味經來告，鄭皓昨日下午產一男，母子平

安。此次待產入院已兩星期。

8月16日　晴

晨八時車來，候至中央黨部整理總結論。十時改造常會陳辭修主席，張岳軍、屬生來說明動員局案。近時月虧新台幣三千至四千萬，思於開源、節流兩方面各做到兩千萬。中央 9600（軍 8500、政 1100）佔 54%，應減 1200，省 8000（省 4000、市 3000、鄉鎮 1000）佔 46%，減 800 萬，共為 17600。辭修云吃空額走私還以軍隊中人為之，該案牽涉財政經濟，其來因聞藍欽、莫雷爾有兩說帖，謂台灣經濟問題極嚴重也。十二時余返，飯後臥，臥起牙齦仍流膿。寫王靜芝審查案，寫畢尋鄭味經，闔家赴基隆，乃至雷孝實家新訂詩冊，命余日後撰序題簽。飯前飲青酒兩盃，菜有凍淡菜肉、豆瓣酥、海蜇。飯後游植物園，並邀李夢庚先生，睡蓮全閉，紅荷正盛，蓮實亦多。項蓉及雷子均欲得蓮篷、荷葉，余為尋林渭訪，擬向之索取，未得。坐三輪車回寓。

8月17日　晴　陰曆七月十五中元節

晨朱德群來，語我師範學校為兼任教員，又將兼幹部學校課兩處各九點鐘，空軍事將辭去，如是則將遷出正義東村。余乃決往參觀，乘六路自朱厝崙下走安東街，過台北紗廠即達。村口有一衛兵，朱君房在東頭 ，其妻衡山北門外人，方出購菜。一女貌若男孩，愛雙眼皮，求母為之動手術。知抗戰時張廷休

曾到衡山，住伊妻家。余小坐後走正義新村，轉灣處有舊式廁，新村房前後兩間 $日$ ，似七公里之黑房子而小，眷口多者極嫌逼窄，各家且以籬笆掠出為廚或養雞鴨，臭氣不免。如此者共約五百家，如有美國空軍來參觀，感想一定不好。余自菜場過八萬元新造之政治部辦公室及醫務所，過橋得巷則為濟南路，余轉至建國北路晤錢、王兩家諸人。王為俊之母款余一甜餅，云剛森已兩月無信息，老懷苦念，余慰之。出，同郁佩芳上市，余歸，王逸民、彭爾康來譚，爾康飯時始去。余牙齦流膿，不便咀嚼，不能陪伊外出吃飯，下午睡。

今日各報載杜月笙報喪啟事及逝世消息，杜先生八月十六日下午四時五十分氣喘病加劇，卒於堅尼地台十八號，年六十有四。遺囑以未能目睹中華民國之復興為憾，囑子弟及從游諸子各竭忠誠，隨分報國。余函唁杜維藩昆仲，云「尊公仗義南行，脫蛻西去，遺言忠款，足傳千古，伏惟節哀，繼志述事，以弘大孝」。余於杜先生未嘗一事請託，溫存應接者數次，今聞其喪，甚惜之。有人云其初至上海，為十六鋪之水果鋪學徒，因某一捕案奮勇獲賊，得法工部房信任，名聲鵲起，徒眾日盛。有人並說伊病中，二妻姚玉蘭、孟小冬侍側，伊吃麵，二妻互推餵口，伊怒將麵傾於地，蓄二妻者往往如此。

五時入立法院，為鄭澈證明書上蓋印。進中本，趙耀東日瘦。余在張百成房與朱品三食生煎飽子。六時至王豐穀寓，帶去中央日報各件，豐穀不在，本約余明日

飯，余已忘之，朱、施仍留余飲膳。飯後尋居先生，
正愁鄧亞魂無住處，及伊家來一湖北老人熊姓，處置為
難。余同居先生探李君佩出院，云醫生好，除氣管支
外，牙齒應拔出。在國民大會前與吳觀海夫婦談天看
月，觀海又病喘及感冒三星期，夫人護持至周，談蘇州
結婚，余往賀喜，已二十一年矣。九時返，浴後納涼，
望月念大陸死難者，慘怛久之。

8 月 18 日　晴

　　晨未出門，為張震西寫扇面。午飯人多，陸副處長
吃得遲，幾無菜可食，今後動手宜遲些，陸君則宜快
些。下午天悶熱，在寓閱湯元吉企業管理漫談，說豫繳
贏餘亦是使人民頭痛之一端。六時至師範學校，途遇王
祖庚妻及婦女會服務之某太。余入雲和街，遇王成荃，
為上海遣送日俘之人，今為彰化中學教員，云台南選出
之市長葉廷珪即是歸俘。飯時又來一蔣科長□□，吃得
頗好，飯後食文旦。余走永康街，得車馳新生路而至王
家，同探斗、老陶及王毓琛打牌八圈，余小負。歸寓，
知李寓全體來訪。

8 月 19 日　晴風　星期日

　　七時起，即至李向采家，吵諸人悉起。寫輓萬福麟
詩云：

到此方知勝利空，是翁不見九州同，
傷心九省分官日，舊部何人在眼中。

寫畢，諸人妝罷，已八時半。先在銅像旁食餡兒餅、鍋貼，再在同慶樓食炒麵、黃瓜湯。余同方肇衡往徐州街台大法科拜萬福麟，東北人均在。出，走吳鐵城家送張震西扇面。路過中央黨部宿舍，告諶忠幹以鄧亞魂須覓屋一間事，諶妻年五十五，組織部舊人，云余不老。自吳宅回，送肇衡返寓。回寧園，秦啟文在寓痴等，余曾語伊九時返，同伊出游也，余不過意，乃請伊飲酒。得十八日朱福元東京麻布廣尾町三十五番來信，伊助理商人身份經濟部已照准，伊姊丈為介紹美軍俱樂部任事，月薪美金約四、五十元，並供餐一頓，個人生活可以解決。飯後熟睡，睡起至華南銀行二樓聽崑曲，盛女士搬凳及倒茶頗努力。徐蕙蘭與余同坐，余聽雷孝實長情短情及夏、王二人之望鄉，吃台灣點心二種，即至錦姪處玩明孫。歸至寧樓，閱大陸雜誌，飯時有蝦米冬瓜湯，頗清鮮。飯後至王家小賭，十一日風大乃回。連日王樹芳因颱風飛機不行，留寧園未發。

8月20日　晴

巨型颱風襲日本九州鹿兒島，風尾在台灣搖樹飛沙，西北風竟日不息，極有威嚴。晨八時往黨部，有研究委員張鐵君講總理哲學本體論為心物本合為一論，惟生論、惟誠論皆已過去。九時到診療室取藥，醫師得上海信稱狄書三營業不惡。隨到圓山革命實踐學院，今日軍官訓練班第七期結業，研究院第十四期、高級班第二期開學。總裁昨自大溪回，親來主持，先訓駐外武官，謂宜注意學養，自北伐以來，國家多故，文武多失卻進

修，考查駐外武官亦不及他國考核認真，其對國家之貢
獻亦不如他國。次讀七月二十三日訓詞「幹部教育之回
顧及今後剿匪戰術之檢討」，余前已聽過，覺講演稿整
理得頗好，「在反攻大陸以前以及在反攻大陸期間，各
人應存心準備做些什麼工作，不可徒有將來收復以後之
工作計畫」，此節極為重要，總裁復重讀一過，可以知
其心事所在也。十二時禮畢，回寓飯，飯後臥。臥起，
熱沙蒸悶，閱各種雜誌。焦立雲愁其夫秦君無住處，來
訴苦。六時至鄭味經家飯，知鄭皓之不開刀取孩，事屬
適逢其會。余勸紅蛋、湯餅等可省。在鄭家夜飯，飯後
知華報曾載葉振公、楊君植判有期徒刑。日間祝兼生
來電話，李先生囑余主持本月紀律委員會。又得陳紫
楓書，陳訪先擬晤余，余晚上擬尋訪先，狂風不敢，
乃罷。

晨紀念周，晤劉汝明，伊生於甲午，余讀陳匪石贈
余詩「甲午乙未海氛惡，四方弧矢生男兒」句。伊云辛
亥守南口，已任師長，時吳佩孚與張作霖有連，知劉部
不妥攻之者。四月不下，湖北方面疊電請吳往援，吳因
有此牽制未往，至九月吳南下，而大勢已去，無及矣。

夜王樹芳飛機赴日本。九時後風停，余等坐草坪納
涼，劉定九講抗日戰爭自嘉興撤杭州，將機車、物資撤
過錢塘江橋，滿置滬杭甬路上，遭遇蕭山大炸各情形。
浙贛路輕軌行重車亦無事。

8 月 21 日　晴風

晨走監察院委員辦公室晤衡權，得陳訪先址，乘三

路自青田街四巷十五號班家。訪先語我為劉啟瑞舉發
案，未舉馬成坤在河南縣長任被禁及強奸所女，為皖人
所不齒。劉心直，拙於辭令，反不及馬成坤頭頭是道。
十時至俞成椿家一回，即返飯。下午風熱而大，報上說
颱風先頭部到達上海，上海當有暴雨，其中心還離上海
之東二百餘里，不知璜涇如何災變也。樓上奇熱，余閱
讀無緒。六時至鄭家飯，七時至錢家抹牌，余勝。上床
後奇熱，口腔因多服消炎片，舌齒發黑。太倉人遭共匪
槍斃者王毓、王振廷，高仰之、沈靖華等，有期徒刑者
□…□，崑山人梅軼凡為先君之學生，亦判有期徒刑。

8月22日　晴風

　　晨未出，颱風尾聲，飛沙入室，熱氣薰蒸，甚苦。
吳瑞生、蔡培元來，瑞生抱病。午後項蓉來，去時曾以
西瓜回錦姪處逗明孫笑為樂，夜飯後走延平北路回寧
園。露天觀樹影間紅退，候月上至遲，風定久忽來一
陣，人心為爽，惜蚊多咬人，至苦。浴後再坐一回乃
睡，牙齦流膿，含盤尼西林片數夜，尚有一滴流出，殊
可惡。

8月23日　晴，風定

　　晨九時至中央黨部準備明日紀律委員會議程。十時
中改常會，總裁主席。先討論青年黨事，第五組報告徐
傅霖、莫德惠、王雲五、蔣勻田等調處無效，陳啟天等
竟發表侯俊夫人張麗君口述，謂侯俊遺言曾琦包容漢
奸，縱夏、王毀黨。夏、王則籌組九九全國代表大會，

擁護者為較多數。總統逐問各人意見，最後決定勸團
結，代表大會非俟左舜生、李璜到台不能開。休息十分
鐘後，倪文亞報告台灣省黨部情形，總裁又問立法委員
黨部至若何情形，又定下次會報告敵後黨部情形，乃
散。歸寓飯，飯後天熱，樓上下往來數次，苦無風。作
書致冷欣、衡權、鈕長耀，皆為楊管北允代收匯往之救
濟款，而不能代為分發，囑余指定專人。余問三君以何
人為妥，余意須指定二人，以辦理縣同鄉會熱心而可托
者為合。又致皮作瓊信，問申若俠銓敘事。六時至雷孝
實家飯，有千張及臭豆腐干。為孝實題「綠凝館吟草」
於其詩鈔上。飯後同項蓉游公園，再訪林渭訪，未遇。
出，在總統府後得風，走回覺力乏。坐草坪，聽劉定九
唱秋聲賦（八角鼓）及天津靠山調，洗浴後即睡。今日
報載韓及伊朗和談破裂。

8月24日　晴

晨潘其武、周正來談案，留電話號碼而去。九時安
徽李應生、金維繫、陳紫楓、陳訪仙、陳鐵五人來，譚
審判劉啟瑞之葉春芳係海口人，其關鍵似在沙首席，沙
為朱佛定之妹婿。余同諸人出謁查次長，方赴木柵覓
疏散地點，未晤。歸至立法院，在祕書長室晤郭敖山，
為證明醫藥費借單。歸寓飯，飯後臥。臥起劉孟衢來，
吵薪水祇六十元，劉薪原為八十元，去年同人打架罰去
二十元，當然不宜向尹仲容說也。劉去雷燕珊來，求作
書與梅達夫為文山小學教員。三時入中改舉行紀律委員
會，余代主席，通過十餘案，王靜山案賴謝冠生支持得

通過。會罷，余同林佛性譚案。余至司法行政部晤查
君，查君說葉春芳為老法官，必明其大體。歸在迪化街
西瀛公司購珠黃散不得，叫人合冰硼散一元，又購吹喉
散一元半。回錦姪處飯，有百葉包及燉豆腐，明孫初會
左右顧余。飯後坐車至王宅，王夫人初允余往，余入他
們正飯。伊夫婦云不賭，陶先生亦不賭，並請在錢家
打，陶先生要睡。余云太勉強而打牌可以不必，乃提長
衫出，在錢家聽雨霄譚老虎過河泅水歸，並聽邵介堃在
貴陽畜墨猴磨墨吸墨事。

8月25日　晴，微雨下點

晨至立法院接洽扣錢事，又至博愛路信託局訪吳則
中，託其求吳稚暉先生為鄭澈證明書簽字。在重慶時，
薛明劍曾辦麵粉傳習所，吳先生曾為校董。十時返寓，
下午到榮元晤張洪，談時下雨。四時至李向采寓，向考
績應升三級，汪公紀改定為升二級。王培禮謀易貨處復
職未成，謀江學珠校教員有信來回絕，諸人正懊惱間，
余勸出散步。過陸京士宅，索食臭豆腐干未得。入空軍
新生社，擬食揚州點，亦無此一店，乃走新生路回。於
鐵路旁觀人網魚，於長安橋望不見山。正扶秀武過極樂
殯儀館，見新式汽車進出絡繹，禮堂懸陳府，則知果夫
兄於四時五十分肺病高熱逝世矣，余入行禮。在向采家
夜飯後再往，胡希汾兄用車送余回寓。

8月26日　晴，夜飯後雨

昨夜悼果夫撰成一聯，晨治喪會寫與胡健中、陳雪

屏、蕭青萍，皆云下聯不敵上聯。余再商楊佛士，商定
下聯第二句。輓聯云：

死無餘帛，生有忠謀，
籌之密則疑之者多，守之嚴則攻之者力；
革命世家，盡瘁事國，
明於醫而諸病屢卻，敏於政而庶績咸熙。

　　治喪會蕭青萍、張道藩皆講果兄廉潔之狀，死之前
一日向胡希汾貸二千元，死之晨易動產以償，其於陳家
擔負獨重。余至極館少坐，即到錢家與明霄及曹君鬥
牌，入夜始罷。忘至重慶南路三段二號政大校友會，籌
商三十一日為張溥泉七十紀念誕辰之會。回寓後天熱，
不克成寐。

8 月 27 日　晴，熱

　　晨六時起，同秦啟文坐三輪車至大龍峒觀祀孔，崇
聖兩廡及大成殿祇一豬登俎。余等參觀籩豆、供品、樂
器、旌節，諸執事皆白夏布長衫、紗馬褂。既而牛升俎
登堂，羊倒提入殿上俎。先祭崇聖，引贊皆臚呼。八
時大祭，美軍蔡斯亦率三十餘人來參觀。每一節內外鼓
三嚴，鐘三鳴。迎神時有紅紗燈一對，提香二，傘牌各
一，斧鉞四到門外迎接，全體肅立。上香時吳國楨代表
總統及奉祀官孔德成上殿，皆有引之者一人，次為初、
亞、終獻，六佾舞於墀，樂作，望燎，止，主席吳三連
一人。九時禮拜，方走蘭州街壞路，而蕭青萍車來送余

至衡陽街。啟文請我吃生煎包，回寓寫對。飯後至殯儀
館大殮果夫，三廳弔客皆滿，瞻視遺容，歷二十分鐘。
何應欽主祭，陪祭陳誠等十人，余讀告殮文。禮成後趙
志堯送余鄭家，余繳吳則中請稚師為鄭澈簽蓋之件。林
在明、鄭明方到寧園尋余，送還一千元，既而返同飯，
飯後即回。適金生麗來，回季通請求作證。項蓉、朱世
楷來，同往三陽春麵，世楷當晚回新竹，云明年一月一
日空軍集團結婚已批准，將請求一宿舍有八個達達米。
余歸，寫日記，探斗偕夫人來，在草坪食瓜。余浴後
即睡。

昨晨中央黨部治喪會，余與黃少谷對坐，少谷曰
治喪委員何以無華陽相國，意指張岳軍，因並寫寶島
總督（吳國楨）、方丈院長（劉健群）、佛國大使
（羅家倫）、受降將軍（何應欽）、土地菩薩（蕭錚）
各諧名。

8月28日　晴

晨錢自誠率妻來，請往三六九食麵。錢台中住宿今
改為邱厝里 149 號空軍宿舍，云牌樓市邵驪、王某及自
誠之叔衛竹及弟志誠被殺，家產均被分，自誠妻在小學
教書。麵畢至立法院取錢，錢需在十一時方有，約唐
小姐送來。余歸，見中華日報登出余昨送之輓聯及張羣
誄文，謂深得昨日弔者之同情。諸人還求余改得下聯出
色些，余曰再好便將入於不真，且不像余之作品，蓋余
之作品不過爾爾，古人出色當行，真天才不可及也。張
謇云「圖之方始，則籌之不敢疏，毀之者多，則持之不

敢懈」，用四之字與余用法相似。張謇又云「事業之
始，詆者十之五六，惜者有其二三，贊者一，助者不及
一」，果夫亦知此理。荔翁於宋荔山房隨筆述劉崇佑
（崧生）遺事，劉思想極縝密，終日乃心黨務，居恆寡
出而喜人就談，酒饌常供，同人多集其家，談話性切
直，於同志行為不檢者面糾不少，貸於湯化龍，責備尤
嚴。黨中有大事，湯非就商先生不能決，而劉每一主張
必持之甚堅，當時眾苦其專，事後則多服其遠見。劉在
黨中發言必爭先，權利則退後，推賢讓能，風度有足多
者。民八劉先生任律師，為余辯私擅逮捕人之獄，指示
周詳，余所作辯訴狀先生首肯，謂雖不內行而真實動
人。及庭辯之日，自晨九時至下午五時，先生痔血盈
褲，洋洋致陳，余等多人得宣判無罪。劉之於進步黨，
不能及陳果夫之於革命黨，而湯化龍死後，進步黨人追
悼之情比昨日為盛。昨日各省市同志雖到者甚多，而表
演得散漫。余於當年所見影像極深刻。

　　下午二時半至中央黨部。三時工作會議，為事業費
不能流用為購三輪車之用，說明紀律委員會立場。張其
昀有盛氣之語，羅志希、俞鴻鈞均說明立法如此，工作
會議不可核銷此案。六時始散，至鄭家飯。本攜酒擬
慰勞鄭嫂守肚之勞，飯時不歸。余攜酒返寓，見之於昆
明街，並晤朱歐生。歸寓，吳瑞生來坐。夜乘涼洗浴，
與啟文談天。今日中華日報及新生報皆登載余之輓果夫
聯，中華日報云文詞哀怨，意義深長。

8月29日　晴

晨至立法院取香煙、取照片、定年鑑，又至中信局問吳則中，吳治普先生昨晚逝世，身後事需幫助否。則中云有子媳孫在台北，總統府亦給三千元，可以無需。回寓前又晤李向采，云王培禮之洋文信已交下。余至樓桐孫家，桐孫夫婦出外覓屋。余歸飯，飯後凌念祖來為余槌按，云吳瑞生好賭好游，言語不實。五時至榮元晤洪亦淵，知章慎言昨日自港來，留港七月。余至錦姪家飯，逗明孫玩。六時至中華書局，何子星以教科書命余審閱。余至向采家，知培禮又因行政院有令限止新人，諸人皆怨汪公紀。諸人送余圓圓觀攤販，余乃歸。得澳門萬繼勳書，徐竹若去冬回滬，趙、盛二君亦回大陸。得徐景薇書，遷在醫院斜對面，乃在塔克薩斯省之Galveston。

8月30日　晴

晨因昨晚警察於三時半查戶口，擾人清夢，起身後同住之人皆云未得好睡。十時至中央黨部，孔達生來譚，未暢。中改常會陳誠主席，討論美有意促成雙邊和約，應如何決策。余報告前日紀律委員會開會，對立法院黨員大會發言紀錄認為並無違紀事情，眾無異議，將以此情報告總裁。十二時返寓，飯菜七人吃之，始覺不敷。飯後臥，臥起往弔吳憲賸先生之喪，諱治普，年八十二，為稚暉師之族叔祖，雪堰橋吳姓三千人之族長。民元攻天保城在吳浩君軍，吳充孫臨時大總統衛隊，憲賸入府侍從，國民政府時為會計長。廿八晚十時

在床上欲起坐，無疾而終。顧祝同、錢大鈞、余井塘、
洪蘭友、冷欣、林彬皆來弔。總統府同人公祭，余與公
祭畢，始返閱中華教科書。五時半走往雷家，路上購燒
餅，二元七枚，分雷家人食之。飯時李夢彪來共飲，伊
飲極少，興致甚好。飯前讀英文數段，請項蓉校正讀
音，飯後賀鳳蓀唱八角鼓兩段。余同項蓉入中山堂觀
郭淑英十三妹，購樓上票，開始時誤坐樓下，樓上較
熱，耐至散戲方回。秦啟文為局中工作，至半夜兩時半
方回。

8月31日　晴

　　晨整理書桌後項蓉來，為雷孝實取墨。九時半同往
泉州街省參議參加張溥泉先生七十誕辰紀念，張蓴安有
五言律一首，李夢彪絕句二首，鄧蕙芳七律一首，余吟
「何況有約上滄州」，音未協。會場到凌鐵庵、張岳
軍、王亮疇、何敬之、朱宗良、王化南等二百餘人，居
先生主席，僅聽到革命黨是暴徒一句。張其昀講張先生
本名溥，後改名繼，儒家思想、墨家肩膀、黃老面貌、
法家手腕各節。會場上張毅夫、林尹皆以輓聯稿與余
商。散會後同項蓉自植物園穿過，雇車歸。下午二時赴
蘇松太茶會，章慎言、蔣志桐、盛朗奎皆有報告，羅大
固贈余臭鹹蛋並約游碧潭，到五十二人。五時散，余至
鈕長耀、顧儉德家贈戲票，並贈戲票與朱了洲師。七時
在豐穀處飯，飯後至戴丹山家贈。今日陰曆七月三十
日為香伯生日，方病輸卵管發炎及流行性感冒，余飲茶
兩盃乃返。汪芳淦來，坐草坪，伊頌丁治磐、吳愷玄，

希望入訓練團，余澆以冷水。伊係洪德元之外甥，洪為
余之二高學生，中年吸雅片，嫖賭斲喪，極可惜。

　　馬貽諤之女、朱福元之外甥鴻霞，參加學生夏令營
來台北，來候余未晤，送來馬詒諤信及朱福元信。福元
被列入黑名單，共幹到家數次搜查，房屋早為政府充
公。伊母先避難到南京娘家，後赴六合耕地為生，家中
祇剩十歲男孩一人自炊，二歲男孩被當地農會管養，其
妻現又懷孕。姪在上海時常往畫三伯處，醫務營業尚
好，伯母聞住鄉間，姑太太有時在上海有時下鄉，四伯
伯仍在中紡公司。

9月1日　晴

晨往立法院報到，坐號六十一，印鑑卡一百六十五，填表時汗出如漿。下午三時譚話會余不往，聞臨時改為正式會，為土耳其請議會派人前往問題，議定不往但致電賀，推人起草電稿。五時至錦姪處抱明孫。飯後至和平廳參加記者節，主人蕭自誠、沈昌煥、倪文亞、朱虛白，余遇趙君豪、蕭同茲、許君武，望見張明。記者滿堂，主客互舉盃相祝，盃中大半無酒。余飲特級青酒一盃，持小食匣歸寧園，坐庭中乘涼。八時王子弦夫婦攜孫女來，小食匣給吃。入禮堂，中央直屬第一區黨部夜會，有京戲二齣：（一）大登殿、（二）鳳還巢。余與楊佛上鄰坐，謂次一齣脫胎風箏誤而情節轉糊塗，又言溥西園之大小姐及蘇州汪棣卿之小生各為一絕。演至十二時半，歸食粥，方回房睡，羅大固所贈之黑黃蛋味佳。今晚大鵬劇社有小生馬世昌臨時不到，盧智學習三小時，代之稱職，聰明人也。

9月2日　晴

晨同秦啟文至錢家，王太太云有腎石，臥床未起。陳敏來打牌八圈，錢太太留飯，余急欲歸，乃回寓食黑黃蛋。下午略睡，二時至杭州南路參加溧陽小組，芮晉留西瓜，到芮逸夫等，商一人十元運動儲存，以便港九難民來租屋及聯絡工人、軍人（炮十三團第二、第三營多溧陽人）等事，有趙小姐亦來坐。散會，同族諸人送，合至紹興南路。余至沈善琪家，童傳亭、張振堂在，余與飲公賣局所出高粱酒，食飯而回。平剛小姐為

彭程萬部鄒樹海、謝素葵至，軍眷至雲南，二十日先運
來台北，今依善琪為伴，雷燕珊及善琪之弟侄均不在，
傅亨云圓圜食蚶甚美，又有未裝瓶之啤酒。吃飯後余走
至師範學校，今日崑曲同期二周年綵慶，余在門首招待
來客，禮堂樓上下坐滿，演卸甲封王、望鄉、掃花及小
宴四齣。居先生、張岳軍夫婦、賈煜如先生、徐培根夫
婦，以王節如之跑龍套為最引人笑。十時一刻戲散，錢
中岳陪余回寓，夜得熟睡。

9月3日　晴

　　晨起，日影已上書桌，啜粥兩碗。入中山堂參加聯
合紀念周，吳國楨報告選舉、徵兵、收稅，學校容納學
生小學百分之八十二、中學百分之五十三。何應欽任主
席，坐台上燈光下，不耐熱而起立者兩回。張岳軍謂
當主席熱殺，此言信然。十時至圓山忠烈祠秋祭，余入
圓場，正逢總統到。余與總統府參軍長及許靜芝等站班
後隨入行禮。禮畢，至實踐研究院，在休息室與周至
柔、陳誠、桂永清、張道藩等說笑。辭修語我上北投鐵
路局招待所修理是為了美軍。率真云歸還錢錫元國光貨
款，當派人料理。今日軍官訓練班第八期開學，院長讀
黨政、業務演習兩篇，講演詞發揮「以勞教民富，以死
教民強」之理，因其中講到公廁、公墓，余寫一片與周
至柔，請願改進正義東村、正義新村之廁所。休息後再
讀第二篇畢。總裁講大陸失敗，軍事經濟之外，莫失敗
於教育，北京大學任校長多黨人，蔡先生尤為教育界前
輩，即黨中歷次會議，對於教育的決議案亦大致妥貼，

但是決議是決議，黨中未責教育界服務者切實奉行。大學教授多守中立，五四運動所揭櫫者為科學與民主，但不研究何者是科學、何者是民主（總裁云予意民主是紀律，科學是組織），浸假而共產黨資此二名大起作用。今日已至台灣，國家頻於危亡，而台大教員守中立的意思與前無殊，延其授課則不肯編印講義，其意蓋在恐落實據，如共產黨來無迴身餘地。余意不入國民黨是可以的，不抗共產黨那是不可，生而求立足，死而求葬身均不可如此。其言極為沉痛，對北京大學及五四運動意有不滿顯然也。散會後回寓飯。孫仁來，求為謀事，謂日間閒得氣悶。伍士焜、陳肖箋來坐，伍之鳳山中學亦有人事糾紛，賴縣長將教員之反對校長者他調。王星帆等在福建合住一起，靠近山中，萬不能存，則入山游擊。徐隆川到了上海叫人寄款，款到上海而退回，不知何因。王子壯時代用韓次青，韓又引進郝綸，皆共產黨，皆在余任祕書長之前離去。今日為抗日勝利紀念日，余當年此日始任祕書長。又為靜江先生逝世周年，俞時中家茹素念經，余於五時搭○路車前往，遇樊某、俞俊民，念一千卷經與靜江先生。余至鄭宅飯，有火腿及假石板魚，鄭怡所做油片亦可。知鄭皓子重十磅，傷口已愈。夜歸，在草坪乘涼，鄭祕書克宣引蔡義軔來坐，云徐隆川父已被害（同事云不確，徐父前卒），謝仲仁在病中。徐炎之於四時許來坐，云昨郭子儀、李陵行頭皆嫌舊，且將抽定之次序掉過，沈元雙角兒氣大重。余謂行頭宜各人各質，開場時付，未交過，排場唱時宜將牌子揭出，印出曲文宜用較大鉛字，此次初演總算扭成，

今後當再改良。

　　在陸軍醫院遇□相湘，為孫立人之祕書，在上海路
辦公，係北大同學。

9月4日　晴

　　立法院會之前，予因鄭味經夫婦來託為鄭澂敍薪事
訪農林公司陳舜耕，陳明麵粉廠經歷全為民營，公立者
大陸無之。陳云四、五百元可以敍到。立法院會時，徐
源泉、吳望伋、包華國皆攻詬劉健群院長權太大，主
張開院務檢套會議，定星期六早晨多加一次院會。余以
下午天熱，中山堂悶不通風，主席台上職員坐燈光下者
尤甚，臨時提議下午院會在兩三星期停開，贊成者祇
四十二票，少數否決。下午三時工作會議，通過中央黨
部省儉辦法，並定以三百元給各省市來台賦閒之同志。
會後與陳雪屏、羅家倫談雷儆寰自由中國，胡適之先生
不承認為發行人事，外國記者竟發電謂台灣無自由云
云。此外胡希汾邀余寫陳果夫先生傳記，余推羅時實，
並云余於日後當寫之。在紀律會，諸人談劉蔭民事。到
立法院，黃建中提和會無分立法委員向外表示案，主張
不表示者六十二人。余又不主張強迫簽名。

　　六時在鄭家飯，飯後休於庭，今年鄭家各況比去年
為進矣。回寓閱自由談。
襖繪庭園：連震東云日式房屋內「拉門」（不是障子）
　　　　　　上所畫的繪畫有很好的名畫。
Benelux：比國、荷蘭三國合成之新國名。

Die Gallo Tower：狄爾蓋羅塔，在弗洛朗斯德士干山坡
　　　　　　　　上可望見。

Chianti and Lambrusco：薄酒名，會起泡之葡萄酒，辛
　　　　　　　　　　　克來路易士所愛。

Kipling：希臘詩人中音韻最好的一人。

常州西瓜以白蕩及西橫林所產者為佳。

日本性書：歐拉：裸者與死者；羅倫斯：チャタレイ夫
　　　　　人的戀人；歐爾果特：嫩草物語。

Lutetia：羅馬人名，住巴黎夷 Parisii 之小鎮，即今之
　　　　巴黎。

9月5日　晴風

　　晨項蓉來，云高雄中學五日開學，七日商議教務，
十日上課，即同伊到車站，於張站長處定明晚臥車票，
同至同興樓吃炒麵。余至工專尋馬鴻霞，已回日本。余
回寧園，覺天熱，閱自由談。下午睡後，蔡祕書文模來
商昨未通過之下午不開會，擬不列日程，余說可以，但
有別人爭列時則可補列。留蔡君飲酒兩盃。五時出，思
理髮，逢公休。回錦姪處，以一人照呼一孩，精神時間
費盡為苦，今日明孫又特別會吵。夜飯後回寓，得任培
道弟二書，又介紹王培禮到第二女中。到秀武處送信，
談一警察于姓捕盜殉職事，云獨身盜槍法利害。九時歸
浴，休於草坪。得劉大悲書，彭襄、侯佩尹十五號乘盛
京輪，十七日至基隆。

9月6日　晴

　　九時半至黨部，十時中改會議，總裁主席。陳雪屏、唐縱報告大陸工作，港政府逐漸逼我同志。總統謂可以東京為機關而入北方，如經被捕，不必熬刑不招，如被共黨利用，則亦可來台將大陸所看見者告我黨。總裁又問青年黨事，李璜赴北婆羅州開墾，左舜生來信甚多，同情改革，不贊成王、夏，主張設一過渡機構，政府補助款可分給兩派等語。總裁又問雷震於自由中國五卷五期登載胡適之先生來信，以「『自由中國』不能有言論自由，不能有用負責態度批評實際政治，這是臺灣政治的最大恥辱。我正式辭去發行人的銜名，一來表示我一百分贊成『不可誘民入罪』的社評，二來是表示我對於這種軍事機關干涉言論自由的抗議。」總裁謂雷賣空買空，應開除黨籍，卒交紀律委員會議處。下午余告何敬之、朱騮先、吳鐵城，均謂對適之先生方面應慎重，敬之先生並謂毛邦初係美軍部紅人，適之先生為輿論紅人，不可得罪盡了。五時余報告，主任委員李文範先生謂蕭自誠第四處案來時，可先函雷震答辯。三時余召集黨部處分規程，商得大體。四時陳果夫治喪會，定十六日出殯，半厝龜山，共需喪費約七萬元。六時至孝實家飯。九時送項蓉，擬在車站食冰，小食堂極熱，乃回寧園坐休，陸望之姊極言園樓舒適。十時半三等臥車開行，余同陸、盛兩君回寓，陸、盛二君亦來幫忙。洗浴後裸休，初睡不熟，秦君云惜項蓉去耶。

　　劉大悲自士林園藝試驗分所來信，云中秋將近，何時來賞士林之月。

9月7日　晴

晨，院會以九時三十五分開，余十時至中央黨部，與羅志希、蔣君章商為先烈先進之追薦紀念會，不易允拒。余主三月廿九日設一總牌位，志希主三年內新故者得懸照片。十一時歸，下午未往院會，在美容理髮。在車站前觀為捕盜死者警員于在友之出殯，前一、二行列尚整，後列烏煙瘴氣，送者都無戚容。六時至豐穀處，葉銘功、錢樹德、梅仲先、倪□□均在，食品殊多，飲高粱酒及西瓜。余至居先生家，全家赴來喜宴客。在白上之家略談乃返。王培禮留條，二女中各項條件均可答應，推託不得，奈何奈何。

9月8日　晴

立法院院會公開作院務檢討，側重檢討劉健羣之用人行政。余先率凌銘訪陸京士，請其作書與沈華庭，為凌銘謀公費實習。京士三號自港返，十四日赴美。京士有一名單，云顧應麒君五月十九日動身，五月廿七抵基龍。朱樹仁、沈玉祥、陸惠林、陸增福（沙溪）、王家雯、王越、陶笑霞、蔡仲寶、張啟龍、張天裔、韓炳生、楊德修、邵孝熊、倪惠榮、唐棣輝、唐堯、張海泉、蔡紹曾、范誠，或殺或繫，京士亦分不清。在陸家遇定海雍九齡（岳允）。出，至劉大悲、陳子仁士林試驗所，商十七日海庵、佩尹來時節目及佩尹住處。海庵小屋旁已闢一池，新蘭亭旁於九月九日將增建一坊，蘭亭內有活魚，總統樂觀賞，余亦樂之，幸宵旰勤勞之餘，有些微自得之樂也。歸，至衡陽街購麵包。回寓飯

後，三時乘車至中和廟美村，同黃仲翔夫婦食陸味初所
贈月餅、周佩箴所贈黃油、黃廉卿所贈菓子醬，諸人皆
稱美，余平時無暇食此。同出訪任卓宣，住南山橋邊樓
上內一間，皆有竹書架，藏書滿室。任君終日寫作，於
是空氣環境皆大不如寧樓，但任君勤奮可佩，其生活艱
苦，余所不能忍耐，余殊心儀此公也。歸廟美村，同王
元輝、朱綸飲酒。夜在朱綸寓打八圈，乘涼至十二時，
宿劉君房，軟枕嫌暖，余不慣常。

9月9日　晴

晨食點後，仲翔陪余往訪連雲王公嶼，公嶼送余渡
淡水河。自瓦廠下船，青山綠水，渡時有人張紅傘，水
面水底皆美。過河為枋寮，十一路汽車之終點。搭至萬
華，入鄭寓，明與林在明對坐剝毛豆。余歸寧園，同秦
啟文略飲酒。午時回明寓飯，飯後睡，睡起抹身。至王
世勛家打十二圈，晚十時返。打牌時曾雨，雨後仍熱，
王夫人痛止，而寒熱又於下午來，仍須往醫院檢查。陳
敏今日還余賭欠，余分駱駝牌煙與鄭、王、錢諸家。回
時施振華來取雜誌，其意蓋在借零用，自入新處一錢未
曾領到，此子將來必不能忍耐。

9月10日　晴

晨入中本，為中鑑取利，門遇朱品三，贈以香煙。
中本司存項之青年為丁首群，不吸煙，勤慎可取，余乃
改贈張百成。入中央黨部聽程天放報告，伊新自歐美
回，謂巴黎四年來已恢復繁榮，華僑約千人，學生三百

人，歸國者半數，今祇一百五十人。在美國各大學教書
之中國人有二百六十餘，教理工科者居多。華生畢業入
廠、校尋工作至易，月可得二、三百美金，歸國無此待
遇。美國動員後人手缺乏，正需用人，我國人得就，教
學相長，將來計算利益不少。程講至九時半未已，余同
鄭彥棻、郭誠坐 2224 車至圓山，先坐休息室，同周至
柔、桂永清、賀君山、蕭叔毅、蔣經國、陳辭修講「窮
極無聊」笑話，桂初知余詼諧。君山病初愈，周勸余裝
牙。紀念周時讀說軍紀，總裁說共匪之強迫軍紀必被我
能自覺的軍紀擊敗，軍紀的根源在信仰，在信任，在自
信。訓詞中引莊子疾雷破山風震海，總裁云以今日火器
言當是火箭炮，人旱金石流、土山焦當是原子彈，頗為
有趣。十一時散，見曹俊、戴志鈞等，皆穿軍衣在隊
中。回寓飯，飯後休息。祝兼生來商案，陸長鑑來譚其
內弟海洋公司案。余送陸至趙希傑溫州街底籬笆寓中。
晤趙樹德夫婦，趙夫人久不見余，不敢相認。余至連雲
街一號訪王亮疇先生，請給三百餘救濟金與公路三區負
監察專責委員謝仲仁同志，謝來台謁余後曾抱病。余與
王先生言雷震事，先生言以嚴重警告為最相宜，又云美
國警察之查地下犯罪者，其人本以犯是罪為業，接報告
已多而無法證實，間亦假扮，取證法與以餌釣魚者不
同。自王先生處出，又往王化南先生處，祇晤李永新。
回寓，送錢與謝仲仁之姪，在車站旁之樓上。至鄭家
飯，鄭明因澈之未婚妻請求入台證被退不樂，飯後余坐
庭久之為解釋。九時歸，浴後坐近欄杆，受大楓樹傳來
之清風極適，十時倦寢。

9月11日　晴

晨為陳志賡撰輓陳果夫聯，云：

忠智值危傾，弟兄分袂台灣島；
金鐃靜歸葬，叔姪沉吟碧浪湖。

又為農民銀行改公祭陳果夫文，持往農行晤翁何黃仲，諸人說笑一回。院會為田亞丹補張劍白事又起爭論，又良久不決。余十一時同王孝華回。孝炎呼啟江者數次，漸近公開，今日為節前向香港寄款，樂為余知耶。

昨午葛賢寧介紹張自英來拜，張將出版詩集「聖地」，葛君為言求余作序，余以其旨在銷售卻之。

錢雄飛八月廿八日來書，今夏由泗水來英梨擔任華僑公學校長，氣候涼爽，人情敦厚，一切均稱如意。余今日覆以明信片。

下午二時半至財委會，與夏敷章、胡希汾商輓聯及祭文。三時工作會議將罷，張其昀提出胡光炳認加班費則停止，而某單位有二萬元供首長自由支配，未免顛倒事實。散會後，余在紀律委員會勸戒說不宜如此，大概業務上所知祕密不可作為小組檢討資料，而事有先後，不可搭載。七時應陳辭修招自助餐，立院姜伯彰等二十人，室中懸何紹基巨幅四字，又有花卉絹本者四幅，係組庵先生物，分遺產時作夏布，分得單條花卉及湖石，以枇杷一幅最有力。飯後辭修講不幸二事：（一）毛邦初案、（二）雷儆寰案，乃散。

9 月 12 日　晴，夜陣雨

晨葉寔之來送總裁節賞兩千元，言亦感窘迫，總數需十萬元，昨始籌到。初擬減半，覺不能盡渥注之意，既乃減省數人，不知何人在減省之列。余受之滋愧，宜善用此款，以廣總裁之仁意。出，存一千元與中本，膺記摺摺面為二萬元，余其中佔一萬四千五百元。晤趙耀東，謂行政院祗許四分半利，不日派人來清查，余勸陳辭修之話不加採擇。耀東留我燒餅、生煎飽子。出，至樓桐蓀家，雷儆寰已將保安司令部躧蹤及傳票照相留底。自雷處回，覆項莉莉信，並致函伍勁甫、劉象山及葛建時夫婦為之介紹。下午四時到國際聯誼社參加自由中國勞工同盟，歡迎陸京士應邀赴美國勞工聯合會AFL，到者不少。余演說物極必反，科舉廢而讀書人家子弟始從事勞工，今陸君此去適值美工人覺醒，共匪毒辣之後，而登用中國教授與學生之時，故必為華工勤工時期之後開創一新時期，將來使命成功，於中國工人大有裨益。余同座為許君武，曾寫「薰風」一首示伊，曾因詩與馬君武通信，馬先生卒，伊有輓詩四首。會場另有丁治磐問余住址，擬尋余商事。六時歸錦姪處，同陸長鑑飯家鄉味，長鑑滿意，伊此次來參加普通考試。飯後歸，在樓上坐雨，聽秦君弟講高雄聯檢處查味之素事，坐地分贓再捉人，人至今未釋，殊引起社會不平。夜為莫葵卿足成輓果夫聯：

光復大陸正賴薑籌，天不遺一老（下一句是祕書原撰）；
行有餘力付之著作，人已足千秋。

又為田崑山撰聯云：

哀鬢驚秋，故人疾歿；

遺容開霽，大道終行。

又為江一平撰聯云：

信行三民主義，百折不回，公自具偉大人格；

沉潛各種研究，一時無兩，我細讀精闢遺書。

9月13日　晴

　　晨至立法院選舉財政委員會召集委員，我舉羅霞天。至中央黨部閱夏敷章處之蘇東坡集。十時中改會，總裁主席，問設計工作至何階段，云公職人員考試宜列入考試中。又云革命民主政黨不生重要疑義，學者學問太博，所以懷疑我們所處地位、所處時代、所負責任，還是要革命，我們本是革命黨，行憲以後我們是政黨，如此而已。次言憲法研究，中央推張羣、張知本、王寵惠等十人，張羣召集，在返回大陸前潛心研究，不多提憲法問題，以免彼此爭執，至反攻大陸後，各人心意開展，乃議修改。此為王先生之意，張曉峯云。次云革命實踐學員之十四期有文字欠清通者，請各人注意負責，保送寧缺無濫。次問及立法院檢討情形，余書解決劉健羣不毂計四條與袁企之，請總統注意者一條與周宏濤。散會十二點半，同張道藩至蔣碧微寓所飯，晤張妹學畫山水者。諸人皆有胃病，余飽啖一頓乃回。劉澄清（冰壺）、沈遇春來訪，遇春為階升之姪、成春之兄，云在上海於去年三月間遇楊子鏡，子鏡回湖州被捕，入惡人

改造所。又云共黨教人引入陳果夫、立夫家，云不像豪門，不信為真。下午五時赴臺北郵局取款，已遲。入孝實家飯，飯前訪張懷久先生，遇譚嶽泉夫人，云宋□有好酒好煙。孝實今日工作太過，精神緊張，於立法院借台糖武昌街房而出售五元快餐極不滿。出，遇張百成，同入華園賞月。候至九時，丁一說相聲一段乃回。浴後同秦啟文草坪賞月，至十一時半乃睡。丁治磐於晨間訪余，未遇。夜夢阿二駕卡車過危橋石砌者，下坡空級，車覆，余三弟致卒，怪叫一聲而醒。

9月14日　晴

晨赴院會，得借款四百元。有一立委提議以□□□日為國恥日，眾議保留。十一時余返寓，下午未赴院會。四時訪郎醒石夫人，其女趙耀東夫人年三十三，現又懷胎四月。余見其二子，長者端午節害病，現尚瘦弱。出，探王子弦嫂，入連雲街探李懋寶，過永康街訪盧滇生，已他遷。入顧儉德家，知桂伯病。入朱增鍾（祺）家，見其父八月七日家書，謂瀏新鄉周廷棟之弟周廷楨為其子□領捉，自滬解回瀏河槍斃，被捕時穿套鞋，槍斃時仍穿套鞋。在朱家酒飯後，又食香焦、鳳梨。同夏濟安走至羅斯福路，余經車站轉入陸京士家。同京士夫人譚，伊主持杜月笙之喪，孝衣工錢至港幣九千元，白束腰費十丈布兩匹，又備手方答弔客。大家庭幾無人做主，幸京士夫婦前往，京士夫人不眠者三夜。又譚月寶、陸增福夫人又到八層樓幫杜家，增福被捕，月寶送皮皂，進一塊退一塊，惹共匪疑，其子欲見

增福亦未可，究不知增福繫何許。余候京士歸，囑其當
心共黨暗算。在陸家與楊克天等打麻將八圈，余小勝後
復飲酒，食餛飩，講笑話。三時半與陳紀瀅等送西松山
機場，明月朗懸，頗有佳趣。五時斐律濱小機開行，有
學生出國者，台灣父老兩來送，送京士者二百人。余歸
寓臥。

9月15日　晴，中秋

　　晨黃筱堂來邀夜飯，辭之。伊邀余往家園早點，余
食牛肉麵及糯米燒賣。陸孟益亦於門口遇見，同食點，
又遇甘其綏夫婦。食畢同孟益返寧園，談伊表弟周遠未
娶、周適娶二人、其弟二人。用直看護孫姓，遠亦愛
之，而適已攜至崑山診所。適讀書時遠助款，遠以為婚
事等弟宜助己。又遠常思洋房、汽車，謂狄君武、陸孟
益不為出力，否則覓一縣長畀予極容易。思之不遂，教
書辛苦，益黑瘦，常聲言將自殺云。十時孟益去。十二
時至中正東路孫仁家飯，遇其叔及叔之台灣女友。又往
中華書局飯，除蝦餅外，菜無是處。飯後至羅斯福路三
段丁治磐家，遇徐源泉。歸途入居先生家拜節，止晤居
夫人，言武昌彭孟緝吞沒友款，而為其婦徵賻助又吞沒
助款，貪汙當是真的。歸寓後臥至六時，至秀武家同方
肇衡走惠通橋，得句云：

中秋同方肇衡步會通橋
四山暮藹如將睡，幾處紅牆萬綠間，
與爾臨風愁得解，尋秋不遇得清閒；

清光都在橋燈外，山水空濛各一彎，
予心忽又念刑戮，但恐對子以愁顏；
子云暢適得未有，節筵將啟翁其還，
因依盃酒且冥頑。

　　在秀處飯，菜嫌太多，八寶雞、炒豬肝、紅燒豬蹄、炒干貝王瓜，皆可不必要，水果合碟置冰塊亦敗味。夜飯後坐吉卜至中山橋，又轉入一歌仔戲場，余忽不樂，初坐車不肯下，既而下車逃歸。洗浴後即臥。

9 月 16 日　晨、午曾微雨，餘時陰

　　晨至錦姪處食煎餛飩，惜泡飯不焦。出，即至徐州路台大法科，今日公祭陳果夫，共有四十餘單位，青年黨祭了兩次。禮堂懸較長之聯，入口過道亦懸長聯，用紙寫者均在待祭室。公祭秩序單用戲碼式，頗為醒目。內政部新介紹婚喪用紙顏色太深，寫字後看不清楚，始悟古人用輓對用純白有其必要也。禮堂長椅不能移動，待祭者皆坐正廳，祭壇又小，與祭者展布不開，主祭者無人能望見，讀祭文亦聽不清，是法商學院之缺點。但禮堂外房屋寬宏，場地無限，容得人停得車，又進深可防意外，是佳處也。十一時浦逖生送余至鄭家，今日鄭皓抱子歸寧。食餛飩極鮮，食後歸寧園略休。二時半至殯儀館，陳勤士、何雪竹均讚美余輓果夫聯，云是第一，但今日追悼會場尋不到余之輓聯。三時啟櫬，送者一千餘人，自殯儀館出，前站已至鐵道。至車站，孝子辭謝賓客，乃排成汽車隊，余坐在靈車司機台。過台北

橋之後，三重埔合作社、新莊、泰山、五股皆有路祭，
孝子出謝，余下車招呼。轉至觀音山腳成子寮，臨淡水
河，有小山曰龜山。西雲寺為停靈之所，寺左有一蔭
道，正鑿厝所，向台北處空曠可望遠，風水不壞，寺右
有花台可坐。住持名覺淨，梅縣人。游客何應欽、陳
誠、張明、徐鍾佩皆送至山上，共約二百餘人。余吟
成殯宮靈幾聯，云「有約同時歸故土，得閒今日住名
山」。棺既進屋，余乃乘馮宗萼車返城。至鄭家飯，飲
新竹燒酒，以蔥油鴨及鹹魚、燒肉為佳。今日少屏夫人
極樂，飯後余同鄭國啟同車歸。

9月17日　雨陰

晨中央紀念周，何雪竹主席，遲到乃未聽，即下郭
誠第七處。同乘車至草山，正斜飛絲雨，雲滿額山。今
日十四期卒業，總裁訓話，最後說五四運動科學民主，
惜不愛國，不知何所感而云然。林彬語我馬存坤案正
籌起訴。十一時回至大悲處，得息彭襄夫婦今日不來。
歸至鄭家飯。飯後至黨部參加中改二劉苗栗選舉不聽話
案，送回紀律委員會再議。王靜芝跨黨案，卒停止黨權
一年，余欲維持此案，說話甚多，此案與他黨有關，且
須與他案作比，更有受害人要說話，不可不如此。討論
此案畢，即到士林，在大悲處飲檸檬茶、食飯，遇劉君
之姪女玉芳及姪婿會理康秉惜。飯後至中山堂略觀劇，
十時回，侯佩尹已到，譚至十二時始睡。

劉大悲，行五，四川古宋人，原名傑。幼入成都陸
軍小學，革命軍起，充尹昌衡衛隊。民元渝、蓉軍政府

合併，楊庶堪為副都督，庶堪原為永寧中學校長，謝持
（慧僧）為監學，朱叔癡、曹叔實為教員。時川省有
稽勳局，以大悲兄劉裕光有功光復，議派遣留學，裕光
辭。謝先生主派劉傑赴北京留法儉學會，在北京往來京
津傳遞消息。既而因黨人在北方不便，乃至上海充海圻
旗艦練習生。何海鳴守南京，張勳兵攻入城，大悲走下
關，遇一輪船悉載四川陸軍小學同學之為敗兵者，上船
乃回上海。劉之父及兄以為不讀書非策之善者，乃再至
北平入留法豫備班之第三班（曾仲鳴為第二班，早大悲
出國四個月），是年冬乃走西比利亞入法，住蒙達齊。
本擬學陸軍，李石曾先生以法文嫌不殼，囑補習。暇時
往曉露槐農校游玩，覺有趣，乃改計習農三年。□月第
二次歐戰起，自巴黎南遷 St MAIXENT，既而至吐魯
絲農校卒業，返皮盎古辦理八百華工及勤工儉學，及迄
於中法大學之成立為祕書。

　　侯佩尹，里昂中法大學同學，沉默好詩，人呼為
Poet。抗戰前為建設委員會科長，中日戰起，秦瑜為該
會祕書長，派伊往廣西。會歸併經濟部，遷重慶，翁文
灝派為專門委員，並桂林辦事處主任。及處取消，佩尹
因新婚妻呂及姜文□有自種田二百畝，長工八、九人，
牛十四尾，不願遠行。在故鄉辦月滄中學，紀念其鄉先
賢呂璜，為龍啟瑞之前輩，有學生二百餘人，借湖南會
館為校舍，佩尹任校長。正募建校舍間，共產黨至，學
生減至三十人，佩尹匿桂林工人區者一年，香港外甥處
者八月。離永福前繳穀五百擔、稻草二百五十擔，運至
應繳之倉庫又費穀約二百擔，其家產悉罄。幸父母已前

卒，景陶亦於三十六年卒。另一弟吸雅片，聽其生滅。

佩尹妾無出，妻生三女一子，子最幼。

吳興陳氏最近四代世系表

得何仲蕭所編陳果夫年譜及果夫喪中謝帖，因編此表。

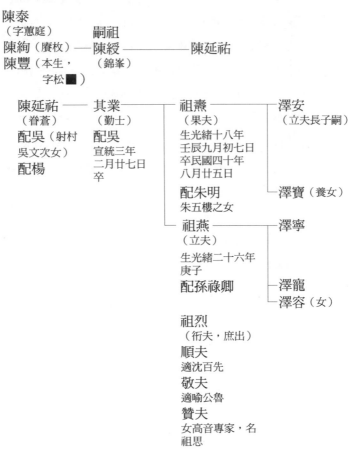

陳泰
（字蕙庭）
　　　　　嗣祖
陳絢（賡枚）——陳綬　————陳延祐
陳豐（本生，　（錦峯）
　　字松■）

陳延祐——其業————祖薰————澤安
（眷蒼）　　（勤士）　　（果夫）　　（立夫長子嗣）
配吳（射村　配吳　　　生光緒十八年
吳文次女）　宣統三年　壬辰九月初七日
配楊　　　　二月廿七日　卒民國四十年
　　　　　　卒　　　　　八月廿五日
　　　　　　　　　　　　配朱明　　———澤寶（養女）
　　　　　　　　　　　　朱五樓之女
　　　　　　　　　　　└祖燕————澤寧
　　　　　　　　　　　　（立夫）
　　　　　　　　　　　　生光緒二十六年
　　　　　　　　　　　　庚子
　　　　　　　　　　　　配孫祿卿　　└澤寵
　　　　　　　　　　　　　　　　　　└澤容（女）

　　　　　　　　　　　　祖烈
　　　　　　　　　　　　（衍夫，庶出）
　　　　　　　　　　　　順夫
　　　　　　　　　　　　適沈百先
　　　　　　　　　　　　敬夫
　　　　　　　　　　　　適喻公魯
　　　　　　　　　　　　贊夫
　　　　　　　　　　　　女高音專家，名
　　　　　　　　　　　　祖思

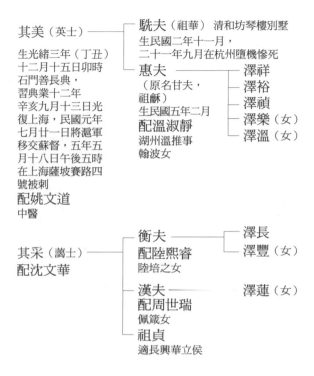

其美（英士）———

生光緒三年（丁丑）
十二月十五日卯時
石門善長典，
習典業十二年
辛亥九月十三日光
復上海，民國元年
七月廿一日將滬軍
移交蘇督，五年五
月十八日午後五時
在上海薩坡賽路四
號被刺
配姚文道
中醫

駪夫（祖華） 清和坊琴樓別墅
生民國二年十一月，
二十一年九月在杭州墮機慘死

惠夫 ———
（原名甘夫，
祖穌）
生民國五年二月
配溫淑靜
湖州溫推事
翰波女

　澤祥
┬澤裕
┼澤禎
┼澤樂（女）
└澤溫（女）

其采（藹士）———
配沈文華

衡夫
配陸熙睿
陸培之女

┬澤長
└澤豐（女）

漢夫 ———
配周世瑞
佩籛女

澤蓮（女）

祖貞
適長興華立侯

9月18日　陰雨

　　佩尹帶來七號華盛頓膠底布面鞋及晴雨鞋、VO 白
蘭地、龍井及鐵羅漢茶、糖果等，伊赴基隆繳關稅，余
入立法院。紀錄讀時李鈺為決定與決議，程滄波發言
後，段劍岷高聲與人起爭執，余稍坐即回。余於飯後得
安臥，三時至院舉院務調查委員，余舉牛踐初。出，過
交通銀行乃回。四時同侯佩尹尋沈宜甲不得，佩尹背
「急灘鼎沸煮銀月」句。即至鄭鎔家小坐，同至士林，
在大悲家飯。大家十五年不見，佩尹談二十一君子及廚
房黨里大故事。飯後攜檸檬歸，佩尹喜食西瓜，余購一
花瓜回寓。

中秋送月餅者，丘威震、黎權、錢其康，余以之送黃小堂及李向采。台灣貨大而無當，內地人製者以老大房為佳。

9月19日　陰雨，夜有颱風狀

晨將下樓食點，諸工人已上桌，乃同侯佩尹入一廣東店。余食拆燒包，哽咽始下。至黨部略步序各案。入中山堂立法院立法委員特別黨部選舉，中央定記名限制聯記法，十五委員額舉七人，諸同仁反對記名，發言者多，余乃回寓，送佩尹至士林劉大悲處。回中山堂尚不決，乃歸飯。飯後臥，起身後至中山堂，同徐銓、汪寶瑄品茗於恕園。五時議決此次遵辦，下次建議採用無記名，乃選舉。余舉江一平等七人，乃至錦姪處。今日文耀寒熱，余逗明孫起立，兩足已能立直，惟不能持久耳。歸途購冬菇蝦米，擬贈雷陸望之、李孫秀武。歸寓得祝毓書，雷儆寰答辯先送本會委員及張、蕭，並由林、謝與余成一小組事先研究。得唐希白書，在港與友人合教私塾，伊之嫡侄被殺二人，族兄弟被殺二、三十人，求余設法為之弄成入台。

陳勤士由惠夫及沈百先陪來踵謝，余未之晤。老懷慘怛，登報自稱德薄傷痎，未能偏謝，余為慘然。

夜，北京法政大學同學會在寧園開會，吳仕漢、胡家鳳、彭爾康均來坐。仕漢云盧山中學校長□□□被殺，秀松詢及王有蘭案可平反否。

9 月 20 日　雨陰

　　晨阿陶車來，至李、陸處送件。入中央黨部，討論本黨為革命民主政黨之解釋，革命民主作為一個名詞，今日根據改造綱要來解釋一番。在理論上，本黨革命的三民主義與總理手訂之革命方略，以建立民主國家為目的。在實際上，現雖在憲政時期，而蘇帝侵略匪共暴政之下，本黨不能不用革命精神和革命手段，以克服當前困難，完成救國建國之使命。此意大段本總裁。總裁又說不斷向目的從事革命，乃為勗勵黨員之語，而民主政治則為建國的目標。張其昀等又有四條說本黨之立場，余主不必。其昀以教書研究每以此發問，必需有此四條，總裁乃云再加研究。今日又問立法院成立黨部情形及珠寶案何以發表。曾虛白認差，並為陳訓畬解釋，不知何因而起問也。會場又發美國幸福雜誌二月號釋永久的革命，曾虛白有註釋，胡健中於原文個人的革命決不會停止在固定的現狀上，因為按照基督教的發明，人類的靈魂是沒有限度的，說革命初以建立民國，終以世界大同，儒家有止於至善之說，是有一個當前目標的，甚為正確。會場又發陶希聖對修改小冊子國民革命的本質與目的報告，陶君又解釋一番。至十二點半散會，歸寧園飯。二時中央日報監察人會通過六、七兩月報表，馬星野報告新生報送白報、出售報紙、增求配額種種不合，胡健中亦有意見。三時散，余至沈百先家晤沈之父。又至果夫家，又至十普寺，今日果夫四七，正由僧人誦經，余慰問勤老與果嫂一回，即至中央黨部代李君佩出席人事審核會報。甲等職任用黨齡五年、乙三、丙

一年，原為任用條例所有，余主與改造用新人不合，可
以無須限制，鄭彥棻爭之。出，至望之家飯。飯後歸，
中央要人在此飲宴，余僅晤何應欽、雷震，係孫立人請
客兩桌，每席四百元，加酒、西瓜，車飯每桌二百元。

9月21日　晴熱

　　院會以二、五祇討論立法案，補人、檢討及其他事
另訂日期加開院會，當比以前好些。今日晨討論出版
法，下午討論戰士授田，余兩往靜聽。上午十時許入司
法院，晤謝冠生，訪林佛性未晤，為商雷儆寰違紀案。
下午為張君託寫字，寫一條給倪玉潔，倪移玉道謝。六
時因天熱，坐三輪至朱鍾祺家飲，食醬蹄，晤徐君之子
及□君，飯後說笑一回乃返。

9月22日　星期六　晴

　　晨祝祕書來商案。余坐車往雷家為賀鳳蓀送稿費，
稿為名馬莎莉之死，投暢流。雷家留吃掬水軒蛋糕。
出，至建國北路錢、王兩家略坐，給下女中秋賞。隨同
探斗回局寓。飯後略臥。攜提籃至士林，原擬引侯佩尹
至北投入台灣省參議會招待所，陳子仁招佩尹夜飯，乃
不往。坐大悲院棚下飲茶，佩尹背蘇梅在聖依南堡寄吳
鎮華詩柬，云：

阿戎（指鄧穆寄宣）風度能消俗，詩酒論交亦快哉，
豈有青蠅緣我集，漫疑赤鳳為誰來；
蓮心抱苦人難識，梅子含酸事費猜，
一樣傷心未能說，春申江水尚流哀。

　　三時蔣碧微來，移坐門外樹蔭下，望遠山濕雲彙起，飲檸檬茶，譚往事發笑。五時許乘碧微車至錢、王兩家打牌十二圈，秦、李等亦來打一桌。十一時同錢羽霄回，贈以煙，歸伊賭欠，伊極樂。

　　士林園藝試驗所中扶桑花盛開，各式都有，四季常開，灌生，葉似桑花，有碗大，遠望甚佳，惟花瓣木然，鮮豔不足。蔣碧微夏季開複瓣花者，冬季開單瓣五出，一蕊甚長伸瓣外，九月正是移植時期。

9月23日　晴　星期日

　　晨李家瓊來贈西點，云其弟家禧考取台大電機系，欲借一年級用書，余贈以百元，並祝精研科學，放棄科舉思想。既而謝素葵來，求入婦女會裁衣，余為介紹皮以書。泡茶後夏曦夫婦上樓略坐。十時至鄭家，同味經走入蓮園茶麵。今日麵味尚佳，茶座每桌四人繩椅，全堂可容三十桌。余思集蘇松太同鄉三十人，每人請三客，每桌連茶飯三十二元，命小楊開菜單，止開三菜一湯，且不會殼吃，余意遂止。回鄭家飯，在樓上之二幼子打翻尿瓶，尿點漏下飯桌，鄭嫂大怒。余飯後即歸臥，臥起準備雷案用語。出，持中秋日詩至向采寓，止方定一在。出，至陳伯稼、仲經家，祇妹在門口，正演傀儡戲。出，至林成根房、饒子桓房一觀，尋胡立吳、文守仁不得。持詩過惠通橋，遇魯蕩平坐三輪車，張默君坐汽車，陳天錫步行，均請觀詩，惟伯稼讀兩遍，並稱美。余於是時偶得七絕二首：

惠通橋外較清閒，無數秋光不可攀，
紅紫層開天岸海，亂雲竄聚正欺山。
因物興懷隨節序，可堪替菊以扶桑，
舉盃嫌薄情關酒，最是思鄉為蟹匡。

入向采寓飯，飯後入乾盛堂裱畫鋪，見蔣宋美齡所作山水六幅及雪景圖，圖有介石先生題字。又見張大千為向采所作倚修竹圖，水草有敗筆。時烏雲藏星，疑天將雨，乃雇車歸，浴後待久，天不下雨，秀武、肇岳不許余步行，情意可感。午間狄震夫婦來坐，贈以古古糖。金輅夫婦下午五時來訪，未晤。

9月24日　晴

往立法院簽到，今日為田亞丹補張劍白、王述先補李培基加開院會。余提書面意見，田通過，李再交紀律委員會，結果兩案都通過，認李無附匪嫌疑，請內政部改正。九時余至立法院黨部，同林潤澤監交，陳逸雲、曹俊、江一平等均認真辦事。十時訪謝冠生，商雷案。出，訪總檢察官馬存坤案。留聲機片開不出聲，余電潘其武來商。回寓飯，飯後至立法院討論營業牌照稅法之廢止，余以營業種類之規定有利於管理，減免稅額之規定可供營業稅採用。三時至植物園林業試驗所樓上開北大同學會，到二十人，余為主席。各人報告入北大狀況後，又議致書慰問胡適之先生，定期研究組與調查組開會，及印同學錄不足之款至十二月十七校慶取回各案。五時回鄭家，鄭明適回，余告以今明兩日不往吃飯

各情。七時在立法院黨部吃交接飯。八時中改約立法委員於第一女子中學，商台灣省臨時省議會組織規程及議員選舉罷免規程，余井塘、陳誠有報告。歸途遇顧儉德夫婦，邀回寧園吃檸檬茶，得知梅必敬往火燒島，其妻中信局打字已成就，洪叔言變羊癇風，跌傷面頰，不能張口飲食，現服中藥，每貼四、五十元，余託顧君帶去二百元。

9 月 25 日　晴熱

晨立法院會，出版法重付審查，戰士授田逐條討論。十一時即歸，解衣休息，泡茶與盛、王、秦飲。飯時有鴿肝，飯後睡。吳愷玄與羅敦緯來拜，賀鳳蓀來問再可售稿否。沈善琪引嫂來，問有職可謀否。晨潘其武、周正來說錄音片正謀開出聲音。下午三時至中改工作會議，余發言不少，尚能中肯不為人厭。鄭彥棻為海外黨部宣傳等，謀得總裁批美金二萬五千元、新台幣一萬元，一切通過，組織之謂何。七時至李向采處食麵，今日子樵夫人生日，女客有江陰丁蕙貞，台大醫院護士。飯後經中華書局歸，局眾均出游，乃步回，天極熱。有名周星三者自基隆來書，請求照應。

余在工作會議發言：

一、第二組擬令各種運動會之祕書（給三百元）經常辦公，云有六人，其中二人已來辦公。余持不可，主升車馬費一百元為二百元，必要時來辦公。

二、第五組黨政關係有六款標明消弭派系觀念，余主改為領導民意代表同志。

三、工礦黨部之朝會，余主不必推廣。

四、大陸工作辦法，余嫌太詳。

五、取締內幕及黃色刊物，余云宜勸黨員勿介入，黨報
　　勿隨俗，不如此者宜加獎勵等，凡六、七次，文字
　　上修正不計。

9月26日　雨，颱風，狀雨夜風雨較始上紙窗

　　晨九時出席立法院財政委員會討論例案，十一時舉
張翰書為程序委員後乃歸。謝冠生來訪未晤，留件云佛
性兄已看過，另有意見，諸容面譚。飯前以糖及餅干同
二秦食之為樂，啟文昨醉吐，錫疇今晚將歸南枋寮。
飯後臥，臥起黃仲翔來，伊夫人胡元度作惜黃色慢，中
秋夕所作，有「天遙海闊，蒼波不管，欲登高處，更有
亂山」句，殊悲楚。又以苡苡名寫「一個忘不了的回
憶」，乃記離成都日事。仲翔言四川地方自治會成立，
便是側在共黨之表示，政府於舊軍閥太優容，若早日見
到，奪其兵柄，未必迅速失敗至此。胡宗南軍團五十萬
人，若川省有接濟，不會搖動，共黨不但滲透腹心，軍
中一切行動悉曉，又挑撥軍中感情，使上級與下級積
怨，積怨之因本黨種種滲透之人本黨所用，故張羣與陳
誠皆有責任。又言向育仁妻先被殺後，又槍斃育仁於戴
季陶墓上，黃培蓮為收屍，黃助育仁繳公債為大洋三千
元，伶人義舉，史不絕書，在今日為尤難。仲翔又云黃
稚荃可能被殺，今日傳此消息者為包德明，想補立法委
員。仲翔歸，余贈黑豆，送伊北門始別。余至榮元，
張伯雍提議吃酒，雨中至寧園取 V. O. 至新亞，飲各六

盃，頗暢。後至錦侄處飯，留酒與文耀，給古古糖與明
孫，已會噉吮。出，飲咖啡於天馬，伯雍約余返溧陽
時挈伊往跟吃，伊童時在西門衣莊為學徒者三年，時念
溧陽。

9 月 27 日　晴

　　晨至黨部批案，谷鳳翔問對雷案紀律會有報告否，
余答尚無。胡適之先生又有信來，問自由中國曾遭扣被
禁否，能再登出如政府不可誘民入罪文否。此信開中改
會時曾提出報告。張其昀以張溥泉夫人問黨史會委員開
會否，余語羅志希宜先補充委員，其中死亡及不在台者
有五、六人。方開會前十餘分鐘陳辭修來，余與伊二人
一室，余謂伊不可在公共場合評立法院之短，劉健群調
查案之引起與陳在陽明山之演講有關，院長對別院之長
短耳可得聞，除總統府討論院與院間事必要時應說外，
不可以為演講題材。正談話間，胡健中、張其昀入室，
話遂中止。辭修又述設計會作結論之不易，余謂討論之
有表決案，表決之有修正案者，主席無庸作結論。開
會，監察院黨員大會推張道藩監選。倪文亞表告各縣市
黨部選舉，台灣人佔百分之四十五，內地人佔五十五，
警察及特務中人當選在前名者不少，其所擠下的當然是
台灣人，婦女最不易選出。最後以明年度黨費無著，議
出售農業教育電影公司到埠退往美國之器材，器材值
四十五萬美金，又有結餘外匯約二十萬，或云三、四十
萬美金，經理為李吉辰（吳任滄介紹，張道藩稱之為
「小毛邦初」），不知何往。董事長原為陳果夫（台中

廠為胡福源），後改蔣經國，經國不依步驟處理公司中
事，已陷入困難，正不知如何取到而出售之也。十二時
半散會，至道藩家，今日有大豆豬蹄湯，為「君」而
設。飯後同蔣碧微至大正町王大吉弄內老者處購檸檬，
每斤一元餘，惜均是生摘，皮苦，不待樹上金黃，以故
汁少。至士林，佩尹不在。同大悲夫婦攜兩女至草仔山
柑橘園，有木樨一坪，前日盛開，前晚為颱風吹落，今
日香減而花少。自此上坡，遇禹縣楊紹溥，伊整理杜
鵑、萬壽橘、龍柏變種，皆已成圃，與去年荒蕪狀大不
同。至柑橘園，綠橘壘壘垂枝上，碧微見前所未曾，至
覺有趣，碧微又誤指水亭為 Monument，余為發笑。余
等休於水亭，觀流水入溝暢快狀。轉過一將修之屋，過
馬路入辦公處，又遇西平馮文波，馮、楊皆河南大學園
藝系卒業。導觀後室，為于右任先生上山時宿處，余見
一短煙管橫桌上。出室游後園，日本作風，於可寬闊處
作小派裝點，可稱失計。出，在馬路下坡見兩榕枝作橋
梁形跨路，人出其下。其鄰某派駐所，月季紅色者盛
開，道旁流水深溝流寬淺而急之水，余推大悲夫人入溝
以為笑。自此上左參觀農復會四座新屋，新屋成，施季
言思徵收，大悲等謂祇租屋基，屋外餘地不割讓，管理
局徵收之議乃止。出，採丹桂數枝，丹桂為日人所植，
年久不作花，人有宣告蔣總統及夫人以為祥瑞者，余謂
不如其已。歸士林，侯佩尹歸，余等復憩樹下。余等在
草山外三里時，望白雲自山腳成條裹起，裹上山頂。至
是憩樹下，祇遠山青黝，不生佳趣。碧微談十八歲隨徐
悲鴻自家逃出，未及行結婚禮，迨兒女成行，而悲鴻登

報竟云脫離同居關係，又言外恐其在外招搖，實太無良心。而沈宜甲戀張瑛，為悲鴻張目，張瑛又缺乏意志，既離後復生子，隨殤，沈至今無妻，皆人世間慘事。正暢，口告侯君余以天雨促歸，傷心事不宜說起頭也。余歸沫身略休，乃至雷家飯。閱歷代名人短揃，得所遺摺扇。夜飯後同陸望之逛衡陽路，余復獨自步歸，觀彈子房人家打彈子，檯小易打，而工之者不多。記張柱中（庭濟）一桿能打四、五十，偶然能滿百，到此處當無對手。

9月28日　晴雨

晨黃廉卿來坐。余至立法院，倪文亞云昨在中改語尚未盡，台灣為救生船，縣政府為本地人，議會亦關心本地事，惟黨部則與中央較聯繫，有如救生船之索，間或可以拉住一點，如此繩亦在船上，則或因而遇險，未可知也。院會討論戰士授田，余乃返寓。余以謂授田所需之地，以公有、沒收、無主或捐獻之田充之，每戰士授二千市斤淨穀，反攻大陸時先給授田憑據，俟配授地區收復，依據各省縣市政府查報可供分授之田領受土地，事實上極難做到，但亦不便持反對意見，余只得聽其成立。歸寓後閱書，飯後臥。李涵寶來，既而戴恩沚來，云招商局不合作，自由輪船租與外人，收入雖尚可，船員飄流在外有整年者，家小無人照應有病死者，本人有逃亡者。恩沚所解體之船名永澄，船身尚好，出售則為七、八十萬，拆售得一百四十五萬，不拆而行駛兩次亦可得一百五、六十萬，拆卸之原因為工潮不解，

此真不卹國家利益之辦法。二時至新亞，松蘇太人士到者共五十餘人，奚用之、徐漢豪有演講。用之說王艮仲被捕，漢豪即講王到崇明奪票三分之一經過。余於民意代表揭二意見：（一）小縣不易產生，余主輪次出代表；（二）為民意代表者宜忠於其職，勿兌換官做。食點後，羅大固約下月十五日（星期一）往游新店。陳芙生發萆蔴子葉育蠶說帖，楊寶儉云其困難，其保暖蠶種無良法。五時散，同錢探斗至其家，天雨，打麻將十二圈乃返。錢桑圭云是肺病，下女之養母索價三千元，擬售與人為妻。

9月29日　晴

晨八時車接余往黨部。余在財委會小坐，夏敷章讀余古、近體詩，以為拗緊有佳句。十時紀律委員會於總裁室開會，居、吳、朱、馬、林、謝均出席。馬主雷震可停止黨權三月或警告，餘人主不處分者居多。不處分則慮其再不利於黨，勸之則非紀律會所應出。居先生見余稿，謂大體可，惟不宜說國家蒙其害耳。結果下次再議。又行政院施政報告，云與計畫尚合，事前經第五組設計委員會會核，其實審核之權在紀律委員會，而人手不敷。對於中改決算之意見，諸委員亦云難管，此實在有問題。中監會時代已成具文，至中改則權更分，更是形式而已。十二時返，下午臥，臥起天有雨意。四時至榮元，張、洪皆不在，乃至中華書局。同孫再壬、吳亮言回寓取 VO 至山西館飲，祇吃十一元小菜，吃至瓶傾，乃回中華書局飯，孫伯顏夫人炒冬菇與京冬菜，嫌

甜。飯後同陳君嘉猷至長春路家中，其夫人又出車，乃
送余回寓。吳瑞生、孫伯修之弟全杰來訪。

　　枕上成詩一首，諸人近訝余瘦迨因此。

與孫再壬、吳亮言小飲

廉纖雨又晼晚晴，北門攜酒三人行，
東門采蘭憶青浦，城鄉糜爛不可睹；
盃浮大白顏浮紅，灑落妍麗隨秋風，
瓶罄何以罍之恥，葡萄易釀失其技；
酒酣何故發高歌，少不驚人奈老何，
淒馨在懷二三事，如溫故書析精義；
紅豆春來發數枝，采之贈誰誰則知，
素心既獲身有屬，尾生甚至抱枯木；
我游青君來迎，
他日薄款敘舊情，今朝雅樂慰平生。

9 月 30 日　晴　星期

　　基隆狄□□來，同往大陸叫蝦仁麵，毫無味，乃再
入好公道吃生煎包與蟹殼黃。歸途購襪長統者半打。狄
璉來，伊新自竹東辦訓練回，曾晤楊任可。十二時余
飯，飯後二狄始回。午睡後至糖業公司，崑曲同期清
唱，方穎達為細緻綵排。佳期胡惠淵張生扮相佳，徐穗
蘭鶯鶯平平，張善薇紅娘身段甚好，雖有遺望處，但已
難能可貴。陳霆銳、徐道鄰、趙琛、李崇實、曾虛白皆
來聽，綵排畢，陶光、沈元雙再有唱曲。余伴居夫人
歸，飲威士忌，大家說笑。夜飯後回，叔寧準備入師範

學院習數學。回寓後李冰、許世瑮、徐梅麗來坐，余浴
後即睡。

　　狄璉原名家琦，其兄家範，無錫師範畢業，民國
三十二年任軍政部交通器材庫貴州清溪縣屬陽平鎮分庫
長。是年一月有一本庫汽車到陽平，缺油，繕借條向分
庫借油，書明不能還油則還錢，後經玉屏曹庫長指為盜
賣汽油。其時家琦自辰谿函囑赴重慶董濟寰（溧陽人，
介紹家範入庫工作者）處說明，家範不敢往而逃逸，逃
逸時身攜積畜，為玉屏土人所殺，迄未查得主兇。

　　許季茀師青田街六號住所，即為被小偷殺害之所。
世瑮藏有遺稿，允余借閱。世瑮婦徐為杭州徐牧師女，
為蔡無忌之獸醫弟子，言陽溝及垃圾洞之害，瘟雞都投
垃圾箱，痰盂都倒在陽溝，貓狗及苦人均翻垃圾箱，溝
泥又翻在路，汽車翻塵，肺病菌亂飛，極可怕。

10 月 1 日　晴

　　晨孫仁來，余將配給之糖油鹽米送至伊寓，並同往
中央日報會計主任張國幹處找尋機會。入中山堂聽陳辭
修報告財政困難，財政方針建築於經濟建設上各情。今
年預算中，省庫每月協款內原有二千萬元，係間接由
美援物資收入挹注，自七月之後，依照中華雙邊協定，
美援應用於經濟建設方面，故雖獲美經援四千七百餘萬
元（經援總為九七七〇萬），七至十一月中央省縣政府
月缺三千萬至四千萬，九月至十二月中央可節省四千餘
萬云云。余坐於于汝洲、張岫嵐之間，于云黃節父、王
孝華之母皆為日本人，皆與東北無關。余歸寓，脫襪休
息。飯後郭志雄來，云吳士超歸潮州被殺，項間先繫一
繩，面漲通紅，然後被殺。郭現往雲林視其與蔡公時
所生之子蔡局長。四時至鄭家，與味經繞老松小學一
圈，見軍眷設攤售衣。上午十時前有軍公人員包衣來
求售，自軍公人員家族補助費及特支費核減或取消後
生活益困，與陳誠演講可作對照。飯時有油浸鱈白魚
（Herring salt fishes），係香山源益號土產，香港中環
卑利街十三號總發行。該號又售蠔油（Oyster Sause）及
蝦醬（Shrimp Sause）。夜飯後歸，華壽嵩女之盈在寧
園訂婚，到者不少。余為陳嘉猷書扇，送往中華書局，
孫、吳、邱皆不在，乃至向采處小坐。秀等昨曾游圓通
寺，王培禮第二女中不得宿舍。路上余遇劉光斗於麵鋪
前，支破藤椅而坐。歸寓，閱齊如山前清無夜戲上下兩
段。中華副刊又載惶恐灘頭，為十五年冬日余所曾經
者。江西萬安南門外有一小山名石華山，山前為贛水，

江中多灘險，俗呼為十八灘。首灘名惶恐灘，文信公所吟「惶恐灘頭說惶恐」是也。急流之速，等於疾箭，聲響之宏，有如震雷，怪石嵯峨，突出江面布成奇陣。大灘之間復有多數小灘，或明或暗，綿互欺舟，水勢迴旋，最易出事。鄭味經云張鵬才被判無期徒刑。徐宗彩來云向行打胎刮破子宮，因而割治子宮、扎住輸卵管、割去盲腸，動手術已三日，尚無寒熱，求得一清淨養病處，來問可住鐵路醫院否，余說不易辦到。

10月2日　晴

晨院會，台灣省臨時省議會組織及選舉規程，原列報告事項，青年黨人李公權等爭之，謂本院不能查照，行政院又有遲送預算書個半月之咨文，亦列報告，不知有問題否也。凌英貞為彭利人，自勞工視察團歸，心藏瘤症發劇痛，經開刀未取出。吳靜為打聽得日本可診治，須款五萬元，英貞擬約同院二百人各贈五十元。余與束雲章商可否多助些，束曰幾無一日不有濟助之事，幾不能出門，亦為難之極。正談論時，韓同又為同鄉如皋僧人雲霞之在桃園魚池募廟，願余與束各出二十元。十一時返寓，獲金秉全香港九月廿六日書，謂得學裘信，謂「劍、詩、順、賓作古，裘仍失業流浪，前顧茫茫，生計缺缺。」劍是劍華耶？劍霞耶？列在詩之前，當是宗人意者，我堂兄劍華被害矣。賓疑是金賓洛，順不知何人，余為悲愴者久之。孫仁來，為余取去華絲紗長衫付織補。下午三時中央工作會議，谷正綱贊成余上次用人不依黨齡之說，惟余云上次已論定仍延用。四時

返寓，在草坪坐休，景物頗美，莫衡、夏曦皆來談。六時至律師富鋼侯事務所送侯佩尹信。出，尋樓桐蓀，不在。六時三十分第七組郭鏡秋、陳漢平宴監察人，到王徵瑩、胡健中、張迴、王秉鈞、楊幼炯、姚大海等，在新生社飯畢，略譚各公司贏虧，乃散。

10 月 3 日　晴

晨至中本取利，出席財政委員會，鑲牙補眼及醫生配藥免課營業稅及開列統一發票。自中本回，走重慶南路，欲購紅樓夢，未得善本。至樓桐孫寓，煩伊勸雷儆寰溫柔敦厚，余云狄膺詩桀驚不群，然詩總以溫柔敦厚為歸也。周正率周廣東軍法官周君來，馬存坤害杜正勳部分留音機片已開出，清晰與口供副本相同，法官認為滿意，將起訴此一部分。余謂殺人貪汙部分應提起一段作為偵查未終結，再行搜集材料。下午睡，睡起至錢家偷賭，三將輸，與兩王、與錢各十餘元，作偷賭罰款。六時至黨部，七組為黨營事業經營方式，張□□、李崇年、徐晴嵐及余皆發表意見，主張維持現日公司制度，九時返。本日中改開會討論劉健羣事先以調查報告入中改，報請總裁核奪，再提黨員大會討論後，再提院會。余未及參與此議。歸途周亞陶語我張志剛等嫖賭事，有一姓張者自稱張祕書長之子，又語我二南京人與台灣工友合偷八乘腳踏車、一乘三輪車，三輪車出售得六百元，四人均分。南京人之一為送信者，送信到人家偷一錶，始發覺。諸人皆拜陳立夫之隨從蔡副官為老頭子。

樓桐蓀云雷震做政治套匯，端木鑄秋說他□…□。

10月4日　晴

晨參加中改省市職業黨部整肅案，以中央委員整肅案呈總裁後，未決定提出。陳辭修主張打老虎，總統曾問張其昀、白崇禧如何，可知牽涉者廣，不易收拾，結果交回整肅小組。諸人以李君佩病，推余召集此會，余辭，允參加，結果由陳雪屏召集。次討論選拔幹部辦法，余反對薦舉者連帶負責，崔書琴以余言為然。參加中改之前，往立法委員黨部選舉第二十八組小組長，余以年長任召集人，到六人。浙江同志羅霞天得五票，崔唯吾得一票。羅、崔兩不願當選小組長，在黨部委員之下，親民理瑣，如地保然，人皆不願當也，羅君聲明將辭謝。選舉小組長之前，毛飛、韓中石來寓，留以茶，請二人閱詩。中石湘潭人，有意為經費稽核委員會委員。余謂經費稽核無用，如有用，何以再組織調查會耶。毛君來前，劉象山來坐。下午葛建寺來。三時至士林，與王平陵同觀大洋蘭紫色者，開花五十餘朵。陳所長備駢啟上總統，賀國慶，預祝壽辰。余等曾與是花合攝一影。余等游新蘭亭，見石斛小盆盛開一枝，兩朵紫色，娟娟清雅。六時商文立來同飲，啖飯畢，余車回雷孝實寓。今日請莫柳老、賀元靖、張伯常夫婦台糖廚清翅一席，祇二百五十元，湯味至美。飯後唱曲，孝實表演身段，極樂。九時步回，余疊兩頓，步行攤飯。

選拔幹部辦法有選舉，選舉發生記名與無記名問題。谷正綱謂立法院提出無記名問題與總裁主張記名應重新考慮決定。羅志希英、美國會例，人的選舉悉無記名，事的決定各黨以鞭趕議會成一堆，查點人數，甚至

任一唱名。胡健中云 Roll Call vote 對事不對人，對人總是無記名，認羅說有益。

10月5日　晴，雨

　　晨立法院會，表決台灣省臨時省議會組織及選舉罷免規程存查案，到二百九十餘人，贊成者一百五十餘票。危乎殆哉，黨員不舉手之多也，余曾運動數人舉手。次討論例案。余歸寓，作寄項蓉書三紙。又為楊管北香港公司只能收轉救濟款，不能個別分發。而調景嶺有所謂江蘇省難胞同鄉聯誼會，理事長宋安業、副理事長程一鵬，頗欲提取發放。余乃致書冷欣、衡權、鈕長耀，請定期開會處理此事。時天甚雨，余喚吳瑞生來寄信，不至。四時劉象山來，來譚吳熙祖見異性鹹濕，用公款隨便，遇場合亂說狀。又譚許以仁、歐陽槙之落選，坐主任委員不幫忙，而地方人坐轎不動，硬要當選。警察特務地下活動，力壓好人，高雄縣雖較為好些，而他縣市實不愨標準。又譚民眾怨米價賤，布及肥料貴，三七五所得益，今已不敵物價之漲，而政府侈言成績，口惠而實不至，反懷想日治事代造橋、修學校切實有效之政績，頗為可慮。又譚王陸一戀愛移轉狀：

元配
繼娶　周沛霖
費俠　（詩有寓懷）
李依依　蘇州李電報局長之女，妹名想想

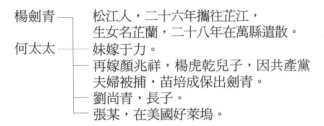

楊劍青 —— 松江人，二十六年攜往芷江，
　　　　　生女名芷蘭，二十八年在萬縣遣散。
何太太 …… 妹嫁于力。
　　　 —— 再嫁顏兆祥，楊虎乾兒子，因共產黨
　　　　　夫婦被捕，苗培成保出劍青。
　　　 —— 劉尚青，長子。
　　　 —— 張某，在美國好萊塢。

　　又譚江挈生任保定稅務，貪汙法幣四百餘萬，而被
處徒刑十一年，此時想已死矣。出，同至植物園觀賞一
回，乃於大雨中至朱鍾祺處飯。有香江來沈君及劉君、
夏君同席，有豆芽湯油片極美。張舒飯後始返，余搭公
共汽車至車站，雨大，雇三輪返寓。林德璽來候，余款
以茶、糖。得沈崇宛書，已得中信局打字工作，敬保釋
在進行中。

　　院會之暇，曾參觀任博悟書畫金石展，筆路尚聰
靈，以書為較佳。

10 月 6 日　晴

　　晨往院會選舉經費稽核委員，諸人一擁上台，黃國
書言太無秩序，余舉韓中石即返。往院之前莊尚嚴來，
坐讀余詩，見徐昌年所贈筆簾，曰此乃帙也，用以包書
卷，所謂卷帙者是。余與商整理舊筆，伊云筆上既退之
毛可以重桼。又云日本人選料精工，與我國偷工減料者
不同。又云查點古物三萬件，故宮及博物館兩家損失磁
器六十餘件。又云台中孔廟之籌設，乃因祠堂基地動腦
筋者太多。伊去後，孟傳楹來。孫仁來，送已織補之長
衫。飯後鄭暻文來，訴任澎湖縣財政科任內，因辦理布

稅款儲存與糧食採購借款事，被付懲戒撤職，停止任用
三年，並被免去澎湖改造委員經過。謂劉燕夫卸任時借
錢不遂，所以如此之重。鄭去後，夏伯祥、張伯雍來，
同往萬華搭赴新店車。途遇住昆明街 22 號之陳小姐往
景美，能說上海話。路上野景甚美，行道樹最美。抵新
店後，知羅大固、陳芙生均往台北，安蔚南已得職務於
中央印製廠。余等由陳惠及陳處招待，雇一船到煤廠以
上，水激亂石，作滿天星狀，伯雍心悸，而駕夫力大且
有經驗，並無危險。上岸，休於茶樓，飲徐霖所贈白蘭
地，陳惠治臭蛋及新店魚，吃得甚暢。六時三十分乘車
歸萬華，路燈一桿兩盞，照耀甚美。歸寓後同啟文到王
家打牌八圈，勝利而返。

　　徐霖以午前訪余，余至大浦街二十五巷八號見徐太
太及其三子，講別後情形而別。

10 月 7 日　晴　星期

　　晨理髮，始到兄弟理髮店，價三元五角而清潔。歸
迪化街，錦姪出購菜，明孫在坐車中，逗引一回，乃至
徐琳家取昨遺忘之傘，見徐長女已考取師範大學之寶寶
在嘉義中學已代表同學向蔣夫人獻花，今又出勞軍，
曬得紫褐。歸寓，鄭克宣來坐。午飯吃新薑肉片湯，飯
後略臥。至錢家打牌二十圈，秦、李來，合湊成局，李
未來時，陶先生擔任一角。方十六圈終，余贏十元，諸
人務必余輸始罷，罷已十二時。賭時余吃柚子，極美，
香焦、鳳梨外之佳果也。歸寓，叩門始開，余最後一人
浴。上床天熱，不易入睡，起來飲水、食餅乾始合眼。

余閱墨子注敘，覺畢沅用心整理之勤及得人之盛。孫星衍後敘云星衍與盧抱經、翁覃谿皆治墨子，而折衷于弇山先生。汪中亦治墨子，先序明陸穩本是正誤字，又采古書之涉於墨子者別為表微一卷。孫詒讓未見表微及汪氏校刊本，但孫氏實得畢氏刊本之賜。

余於枕上閱四十年審定中華書局初中歷史，詳於史前，混合中外，明著興衰之所以，記清文物之由來，董作賓等之佳著也。

10月8日　雨，晴

晨鄭曉文又來送證件照片，余攜入中紀交林成根同志。八時半中央紀念周，立法委員黨部第一屆委員宣誓，總裁監誓，致嘆於黨部正式成立已遲，謂三民主義、五權憲法之推行要鍵在立法院，勗督率黨部，注意入黨誓詞，任重耐怨，以策成功。江一平致答辭。余坐陳誠、白崇禧、何應欽之中間，何、白皆獵，白獵得野豬，重百餘斤，送人吃肉，辭修謂宜送君武以皮毛。禮畢，余同道藩坐破車至圓山。今日軍官訓練班第八期結業，讀說軍紀之附錄「戰爭哲學的中心問題」，讀腔如新劇道白。致答辭者胡治文，有沉痛語句，呼稱總裁亦不滿十次，余極感動。在紀念周前，余告張曉峯以雷震案尚未決定各情，並與總裁意見相差尚遠。曉峯云暫擱為宜，如不問伊亦不報告。余以語何應欽，伊初謂宜嚴重警告，既云暫擱暫擱。胡健中亦知，自角板山電話來問，吳國楨云當日擬捉人。余拒簽明金鈔釣魚事，以之取證則可，以之尋求孰為犯罪則不可。

　　入休息室者，握手起立不一。印度人合掌問訊，中國人拱手，西洋古騎平行線伸直握臂，皆以明手無武裝之意，菩羅門以一手加額觸鼻捫心。張道藩說周西成主用撫心禮，亦未行通，余謂握手實已進步。

　　葉公超坐余右首，謂以暇時寫字、寫畫、閱筆記小說，伊謂三國志、水滸傳及紅樓夢實為三大要籍，外國人如未看此三書，惡能知中國人性情，又曰三國志亦有自不湊榫處。余請伊演講，伊云胸無點墨無可講，又曰人性本喜表現，不表現豈得意事。

　　午睡甚暢，睡起閱報，錄數如下：

　　來鎮鐵路，湘桂鐵路之支線，自來賓至鎮南關，三十九年七月一日成立工程處，十月動工，全線長四百十八公里。自來賓起向南伸展，經永淳北部之鹿頸灣向西延，經扶南、崇善、寧明、憑祥等縣至鎮南關，駁軌至越南境，四十年底可通車。

馬君武諧詩　九一八後詠張學良

告急軍書夜半來，開場弦管又相催，
瀋陽已陷休回顧，更抱佳人舞幾回；
趙四風流朱五狂，翩翩蝴蝶正當行，
溫柔鄉事英雄塚，那管東師入瀋陽。

　　尹羲，馬君武契女，原名小金鳳，係桂劇花旦。

　　午後劉象山來，同往國際觀生擒白額虎影片。出，至鄭家，皓子已康復。余同皓至寧園取酒，至鄭家飲之。嫂及明皆愛飲，怡、皓亦嘗之，幸澈不在家，否則

瓶罄。飯後同象五入北角樓紅樓書場聽滑稽，以徐笑
亭寧波挖花唱牌為最佳。余遇陳定山，約明日重九午
後來助。諸人訝余瘦，亦有評為胖些者，劉象山謂體
子瘦矣。余坐板椅覺臀痛，殆脾肉退也，心境不舒為瘦
之因。

10月9日　晴　今日重九

　　晨至立法院，為時尚早，同朱貫三入掬水軒食蛋
糕、飲紅茶。云丑輝瑛姊妹，姊立法委員，妹國大代
表，成年均為馬步芳所強姦，丑患子宮瘤或係受蹂躪所
致。其夫係馬氏所配給，西北人民，皆不自由。初時頗
有賤丑者，兩年來丑表現得做人合理，近頗為人所諒。
馬等輦巨金行賄，鄭介民、毛人鳳等為之遮蓋，馬又被
任西北老主席，西北人皆憤怒，希黨中嚴肅及之。谷正
倫云共匪破西北馬氏老巢，地方雖陷，實一快事。朱則
云朱紹良任甘肅主席十二年，同於左文襄任期，一政未
施，卵育得馬氏腐化，於國家為罪人，論其個人則聰明
絕頂也。十時院會，審計長張承櫃報告三十九年總決
算。余回寓為李曼瑰閱王莽篡五幕劇本，為伊整理文
字。飯後小臥。支塘方祖亮來，譚聯勤台南軍用汽車配
件製造廠腐敗狀：（一）領報材料過多；（二）公家給
價已有合法利潤，而員工困迫毫無賞貼；（三）以外面
製造物作為本廠出品，而故昂其成本。廠長陳乃能、運
輸署長孫桐崗、供應余有田皆有弊，而聯勤司令黃鎮球
或不之知也。三時至中央黨部，工作會議停開，余略批
閱公文。歸寓，立法院前同事、現行政院政務委員蔡培

火來譚三七五減租，六人贊成、四人反對。減租所給利
因物價騰貴而對銷，地方自治因政府無誠意弄好選舉，
人心漸失，又作風不好，使耗損巨額選舉費。今省議員
選舉，國民黨員無錢勢將失敗，用台灣人如蔣匯川等，
既未論量其價值，又未計算其影響，且中央作風不過如
此，可深浩歎。蔡夫人來迎培火去。張祖同來託謀事。
六時到鄭家飯，飯後至王家打馬將。張藕兮盼余輸，余
二將不贏一錢，乃得罷。王為俊夫人牙腫未退，陶雪姐
得抽中大學宿舍第一號。

10 月 10 日　晴

　　晨至李君佩先生處賀節，白事出。至沈崇宛處，知
梅必敬保釋又批成仍照前案辦理，以為感訓二年，乃送
往綠島，真所謂萬事莫非命也。出，至鈕長耀處，知成
鏌在美生子。歸途至中華書局，吳亮言抄余詩，甚工
整，孫再壬且有和作。歸寓，十壹時半宴陳伯龍夫婦，
路平甫、陸味初加入為主人。同座有楊洪釗夫婦，鄭明
寒熱亦來，陪客飲白蘭地一瓶又三分之一。余至鹿鳴春
朱歐生夫婦宴客，略坐即歸。臥至五時始起，到錦姪處
飯。飯後送朱大鵬銀元四枚，至王家打牌八圈，同秦啟
文同車歸。今日國府紀念會未得通知，下午總統府前紀
念會，給余以來賓條，余皆未往，亦未觀游行隊伍，可
謂提不起興致，自入黨從政以來所未曾如此也。

10 月 11 日　雨晴間作

　　晨粥後，大便暢通。至吳亮言處略坐，同邱梁至後

車站，余至中本取利，晤朱品三，未晤張百成。百成在
暢流上登載蕉窗聯話，文字有進步，擬獎之也。至台北
賓館門前而腹痛，入賓館再如廁。總裁約中改、中評、
中央委員譚話會，發通知曰藉以聯歡，備中飯。列桌於
大廈後平台，每人一盤菜，每桌可坐八人至十人，在樹
陰波光陽照中，內室排椅密擠，到者二百餘人。張民權
先提有記名投票之不可，姚大海繼提監察委員不見於正
式黨部，陳肇英提憲法及本黨總章之應尊重。昨日國慶
節，中央委員不參加總統府典禮，足以惶恐，張其昀、
陳雪屏起身作釋。李中襄云港澳海外各地俱慶雙十節，
足見人心歸順，各同志宜計畫將來如何，意在解勸。而
總裁持黨內行記名投票，足以消滅派系，我將親閱，不
願遵從者可出黨。又云以民主及國際威脅，本黨以大陸
作風為不可改，章則為不可變，則亡而又亡之徵也，此
時不革命更待何時。雙方意見相差甚遠，各人內心沉
重。余腹痛又作，乃先自會場走出。與王雪艇先生譚雷
震事於別室，王先生曰得小兒自謁適之後來書，美國有
□…□報者，專以攻擊台灣為報導，知雷震事，以書抵
適之先生索材料。適以原函及陳誠覆信付之，並說明三
事，其第三為自由中國之編輯人，無因是受處分者，足
見胡之關切雷處分事。苟雷受處，胡必為因胡而受處，
但雷之亂說亂登亦可慮。若中央決計不處分，則余願往
勸其今後慎重。余於實之處知總裁在高雄寫一條雷震應
開除黨籍，左右因其為命令，捺而未下也。余至中央
黨部後，回寓休息。飯後臥，臥起走衡陽街，定鞋二
雙。過友信書店，知烏木扇一柄託售者收回。過燉煌書

店，遇羅季梅夫婦購英文劇本五冊，有法文 ORGIES
Princiè RES，打人書也，印極精，乃借閱。又見日本春
畫四幅，繪性器極合解剖組織。出，至雷家飯，有餛
飩。飯後歸，天已雨。陳堃懷來坐，余適觀法文書。

10 月 12 日　晴，下午有雨

晨李炯支來，為中華日報朋分報款案，台南地方法
院已判炯支不起訴處分，而張道藩、郭澄又請託林彬復
聲請再議。其意蓋將司法獨立，不起訴已成事實，何以
透過黨的關係決計嚴辦。其來呈措詞祇說自己有利部
分，亦非善良分子，予語以此呈作私人參考而別。李
去，傅緯武引鄭暾文來，商公務員懲戒會判鄭停止黨權
三年可減輕否，黨紀處分可從輕否。緯武先徐升平而為
澎湖縣長，徐升平原任重慶中央黨部之交際科職員，後
任科長，出為海軍職員，往英國接收八艦，中途一艘走
失，走私有嫌，國防部撤職查辦，永不錄用。三十六年
桂永清又任伊為澎湖海軍辦事處長，甫到任即向縣長傅
緯武借老台幣五十萬，時值金百兩。傅責以用公文來
借，徐不遵，徐要傅五十萬作為贈與，傅不肯。後徐得
為縣長繼傅，向傅挑剔，涉訟八個月，徐敗訴。鄭暾文
又謂劉燕夫之恨他又為選舉事，鄭之為財政科長係傅所
任用。此皆從政同志之花絮也。十一點三刻，夏伯祥送
東坡一碗來。十二時凌英貞來取彭利人捐款，余交伊
五百元。飯時職工食東坡至汁盡。孫仁來講影戲中故
事，極會講。余閱英法文書及中華文選，天雨，樓居清
雅，殊樂。六時鐵路局宴朱虛白夫婦、王、錢夫婦，余

候錢夫人上樓，匿秦君床下。錢探斗來尋三回，乃笑而下樓。彭廚菜平常，余食又過飽，客去即睡。

10月13日　颱風雨

晨起啜粥，有腐乳，甚美。冰箱雞微腥，有水氣，余不食之。入立法院財政委員會，遇王祖祥。祖祥告朱佩蘭伊夫潘一山病死，一山在革命時，陳其美擬派為鎮軍都督而不敢往者也。佩蘭聞訊大哭，文守仁則謂彼夫婦早已離異，王祖祥謂朱極可憐也。審查會余主醫生用藥限於為病人診治後配方者免稅，病床不稅，但醫生不得為病人代購藥物，不得省略處方箋或於方上寫暗號而不寫藥名。台北進口西藥有十分之二為醫師公會分配給西醫，藥商易起不平，故余主張如此，劉贊周以為當。發言後返寓，飯後至王家與陳敏打牌，陳敏因辦理交代心慌而輸一底，余以細故與張藕兮發脾氣。天風雨，時吹電線，室內電燈屢熄，熄後燃燭，認不清牌。夜飯後再打四圈，余必欲回，幸得搭六路車返。返寓圍棋未散。

10月14日　星期　晨雨，下午晴，夜月色佳

晨粥時，錢石年丈持墨六錠託售，余為購下。留粥，伊又要油條，余以近處無有卻之。出，至中華書局，今日為邱梁（紹先）五十一歲生日。余解衣後即至李向采處，伊胃病而房舍修理一新，時秀出購菜。余於雨中至殯儀館弔區芳浦，因癌症死於美國，陳伯南等為設祭。余遇薛伯陵、余握奇、陸匡文等，陸語我幼剛已

赴美教書。又遇趙葆全，伊輓芳浦聯，余為改定者曰：

共識服良才，啟篳農林見碩畫；
追思有餘瘁，理財嶺海著賢聲。

又遇李中襄，云王有蘭雖有人到紀律會保證，不宜
即為平反。出，至秀武家，修武已返，留飯，為時尚
早，乃至吳保容家，食其鄰居所為蛋糕，勸伊夫婦勿多
養雞。出，至袁永錫家，見其子極健。同吳、袁夫婦訪
陸京士夫人，值其跪地念經，坐久未罷，乃回，阿妹招
待殷勤。回秀武處飯，以蘿蔔甲拌菜為佳。飯後回寓休
息。施振華攜一二十歲廈門洪姓女來坐，云自特務講習
班退出，考試時云外事講習班，既入班知其不然，質詢
則云故用騙人法使入班，此真荒唐之極。三時至浦城街
口水泥公司康樂廳，屋西曬，座椅大，故坐滿而容人無
多。唱盤夫、夜奔、望鄉，即綵排琴挑，男海派尚膽
大，女紹興說白聲音可造，而步法極生挑。已同孫再壬
回中華書局飯，以清湯魚肚及清湯八寶鴨為佳。飯後余
寫四句壽詞曰：

重陽後五日，雙十後四，
吃壽酒無蟹，不可強致；
明年返青浦，河山增瑞，
能畫與圍棋，儘君寫意。

十時說笑一回乃返。

10月15日　晴

　　晨王子弦來，告王為昭出嫁日在教堂行禮，男女皆非教徒。明年一日空軍集團結婚時擬再參加，空軍不准私自結婚，此次乃係說信教非有宗教儀式而先為之也，酒席十六桌。子弦留四日，同出至松鶴樓食麵及湯包。入中央黨部，一至九特別直屬黨部委員宣誓就職，居先生監誓，讀訓詞甚長，云以第八陽明山黨部為最佳。禮畢，余與陳辭修、谷岐山譚雷案不即辦，需與總裁說明一節，辭修說此時此地不宜辦此。辭修語我除開會外，得見總裁之機會亦少。岐山語我張祕書長今竟日教書，此外又大寫文章，兩種情況皆不甚合理。自黨部出，在濟南路口見陳堃懷，妻子住一木屋售雜貨，堃懷攜酒一瓶送余。返寧園，飯後余至汽車站。至新店遇衡政五，至其家吃茶，見其三十八歲之南昌夫人，云已隨侍二十年矣。自衡家出，坐勵志社泡茶，待蘇松太同鄉陳芙生來，講常熟人學太倉種薄荷大獲利，獲利後無所用，則建屋購木，為空拔稀人家屋上瓦以蓋新瓦。匪幹漸有異言，士氣不佳，待遇懸殊，逼迫苦厄。除十六、七歲以下受麻醉外，青年亦漸覺得男女被騙至常熟，而再徙不知去向者甚多。歸謂濱被女告發，錢昌時習紡織，受聘往瀋陽，初說待遇好，既至則僅小米四百斤，又不能攜眷。錢離常熟，謁縣長。江北人韓培新入監獄，見金南屏、楊春華、王柏年，金、楊、王旋被槍斃。又有蕭德新，抗戰時自重慶乘自行車出發作長途旅行者，亦被殺。又有王崑山者，人傳已死，但據楊子奇說四十年一月三號我曾在上海見到他。以上皆楊子奇說，而陳芙生

轉述者。二時半朱□□來，待至三時無至者。諸人謂今
晚月色當佳，乃至惠民樓打麻將，啟牖掃地，極為清
雅。既而羅大嫂回，技術純熟。飯時大固回，同飲酒食
香魚，月色上窗，山光照眼，索橋諸弦似彈靜曲。今日
水急，潭水封瑣，無一隻游船敢往來者。新店溪今年共
死七人，有一旅行隊七人，在烏來死一人，至碧潭復游
泳，再死一人，七人出游五人回去。又有沈氏妾懷妊自
懸橋跳下覓死，乃順流沖至水源地沙灘上，若夢醒者，
計水程十公里，歷兩小時。警察駕水船追之，過閘，沈
沖下灘，船不能下。沈得不死，今住陳惠民家，將分娩
矣。飯後步至安蔚南，遇胡君及蕭君。羅、陳、蕭三君
送朱及余火車站，九點二十分車行，月色極美。大固購
柚，余在車上食之解渴。回寓，馮中岳（宗蕚）在寓宴
客。南維嶽送來正中新書。

10 月 16 日　晴

　　晨赴院會討論決算書，到立法院後審查，至何種程
序，依憲法乃監察院之審計權，審計長依法完成審核
後，提出審核報告於立法院，惟審計法廿九條亦有立法
院審查字樣。余意此項審查，祇限於本年度預算之對
賬，與下年度編造預算之參考。十時半自院回，侯佩尹
來尋余，未遇。寫詠國慶日優曇花開一詞。下午赴中改
工作會報，與羅志希、谷正綱反對總統陽曆生日教街防
懸燈結綵，及在總統府設禮堂及吃壽麵、放炮竹各節。
余並提孫中山銅象不加髹漆、五元鈔不見新印、首長與
次官薪相差 120 元之不合理，莫怪大家只往高枝爬各

節。五時返，閱報，六時半雷孝實車來候，至張伯常家
飯。客廳布置甚見用心，於神座設軟坑，上懸玻鏡已
斜，斷則貼花以飾之。室有二地毯，懸張臺照。屋一角
設佛堂，列藏佛七、八尊，金色而身有藏經。八時徐培
根、居浩然、刁培然夫婦來。菜以酥肉、米鴨、魚湯為
佳，飯後吹唱表演一回乃散。月色極佳，往張家時向東
行，圓光初吐，歸時精光正照，田野瑩潔。今日楊佛士
云現無作手，今君武寫作，確有可觀。余謂既佛士說有
可觀處，或屬尚可。余心中欲力追古人，兼融會英文、
法文之佳處，以立我的文章。年已望六，日力迫促，倘
遭橫死，半途而廢，國亡家破、主辱臣死之義，切切於
懷，余其將無所成就也耶。

侯佩尹念奴嬌　國慶夕曇花怒放，璧莩卷舒，霜華開闔，
詩以贊之
碧天如水，小重陽重遇，雙十佳節，島上華鐙千萬點，
照見優曇開徹，蓮蕊堆黃，蘭心翦素，悄顫瓊花雪，
菊英攢蒂，絳莖粘在青葉。（奇絕）
日夕含苞，纔舒便合蘊，色香不減，歷劫金剛彈指頃，
玉魄冰魂難折，抱馥烈腸，託根弘願，淨洗中原血，
一枝低褭，藏心依舊明月。

10月17日　晴

　　晨林在明來，留伊吃饅頭，甜、鹹者各一，並託購
癬藥，與伊商和鄭明結婚諸務。入立法院，財政委員會
為紅糖價格擬減為視白糖完稅價格減百分之七十，赤糖

同業公會代表表示滿意，而與營業稅徵收法第五條不甚
相合。十一時半余回，在寓略飯後赴徐銓寓，應銓與韓
同、牛踐初合請同鄉一桌，合作社菜，以蝦餅及芝麻酥
餅為佳。飯後隨張九如至五巷寓中見王振先。回寓，錢
永和來，想補中央監察委員，真是匪夷所思。沈遇春、
韓權維、張國幹皆來，李炯支以早晨來，皆白事。六時
至錦姪處飯，明孫發寒熱兩次，今日始涼，余逗之，尚
活潑。得項蓉書，十四日曾與劉象山飯及咖啡，聞象山
云我瘦，勸游高雄。昨晚鄭嫂來，問余兩日不往飯，莫
非病耶，今晨在明亦緣事來問，可見關切。

10 月 18 日　晴，間有飄雨

　　晨九時半至黨部，略閱卷。十時中改會，總裁主
席，指示全國代表大會至遲明年三月廿九號須開。依憲
法吃飯者為民眾所不滿，若返回大陸仍照老樣，軍隊決
不願打仗，余亦不能聽任其如此。前日中央委員譚話
會，事前缺少準備，余亦不知何種性質，適有人反對記
名投票，觸動余之氣憤，余亦覺盛氣凌人之不妥，以後
宜準備得較好云。散會時十二點一刻，同到台北賓館樓
上西餐。中改譚話會定每星期四六時，以研究總裁作指
示後之處理辦法。今午討論明晨立法院對劉健羣主持院
務不當之調查報告，院中公開討論乎，及發表方式之研
究。諸改費日力於會議，集大權於少數，承總裁之督責
而分量不夠，不足起黨員之共信，實際上照架不住，但
其勤毅之之精神可欽嘆也。余未置一詞，食蛋楊後即回
寓。賀鳳蓀來坐，余又蓀來譚，擬同余君入蓮園食點，

園有喜事，烏煙一團，余乃至雷孝實家飯，素菜五碟，略有肥肉及牛肉，吃得舒適。飯後陪雷嫂至十普寺聽講六祖壇經頓悟之道，先唱香讚，後誦大悲呪，需時二句鐘。歸途至徐家觀踏義妖記斷橋亭產子一段，朱太太已靈活，徐小姐尚未入殼，略坐一回即返。本日天熱，坐三輪車兜風，瘦月鑽雲，夜涼拂座，真樂事也。

10月19日　晴

　　晨、午皆不往院會，知上午讀院務調查報告書，接受劉健群辭院長，並由程序委員會定期改選院長。余閱紀律委員會九月分黨部各組會之工作進度，及馮葆民、上官俅之視察報告，閱畢至中央黨部交付。至徐向行處，伊因刮子宮破一孔，乃割子宮之半，又扎輸卵管、割去盲腸，所費手續費僅五百餘元。私家醫院自知不合，故廉價，又自知已惹禍，不放向行出院，向行亦無力出院。而向行往醫院刮子宮，其夫戴丹山不之知，此其所以為荒唐也。與去年受美金四百，丹山不知同樣，自作主意，余責之。回寓飯，飯菜減政，素菜增加，余樂之。飯後待人不至，閱章草為樂，自見趙孟頫書題畫作章草，以為別致而有力，余漸好之。四時至南昌街，逢吳治普喪，中之花髮女人，余不能舉其名，伊偕一女往上海路。余在南昌街購書不得，入居先生寓，居先生方鋤地，萵藥已生長。余與居夫人對酌威士忌，叔寧自校歸，腹饑索餅，云校課無聊，英文教員更能引人入睡。居夫人云朱愷儔之繼母王係抱牌位做親，愷儔父獲聘王氏，知其能持家，極喜。婚有日矣，受寒病卒，王

之族莫敢告王。王姪跽姑前白其事，姑曰讓余考慮，不
殉則歸朱家耳。由是朱家設二廳，一廳紅行虛合巹禮，
禮畢新娘入房，死者之繼母托一盤孝服奉新娘，曰新奶
奶殊對不起，盍易服臨棺一認乎。新娘出，憑棺傷痛至
暈絕。朱家又傳新娘有雅片嗜好，見禮人多，故遲遲欲
以彰其癮作，而新娘則否。新娘所給見面禮皆古董，長
幼皆喜。愷儔輩侍奉維謹，太夫人得享高年，於麻將桌
上無疾而終。又朱增宗所嗣之七房亦抱牌位成親，年輕
更慘，後任清心女中校長，愷老所稱革命嬬母即此人
也。五時半至王豐穀寓，候趙一葦來飯，一葦名企預，
余同級趙䌽吳（宗預）之弟，曾在龍門聽余之課，甫自
哈佛大學畢業返國，在台大授現代哲學。談（一）杜威
九十四生日講兩語：（甲）教育以合理為要、（乙）；
（二）一葦曾往私人農場摘紅蘋果裝箱，每日可得十
元，蘋果枝垂地，採之甚易，高枝有踰兩層樓者，採之
頗費體力。六時與夏、舒、張、朱、王、趙同飯，食芥
菜甚美。飯後至錢家打十二圈，小青蟲、飛蟻滿桌，驅
之不盡，殊苦。回寓抹身，不能合眼，蓋紫花布被單，
思念穎姊織布分贈弟姪，一番親勤，不能合眼。

10 月 20 日　晴

　　晨祝祕書來商案，余與李炯支各件，炯支所謂致法
院信，張道藩、郭誠云是前次法院擬不起訴前所書，非
判決無罪後所寫也。余與余又蓀談及，又蓀願與李說
明。李之來面余，又蓀所介紹也。余竟晨未出，飯後
睡。睡起自西門町走衡陽路一回，與售鞋者訂星期一取

鞋，在重慶南路遇民三卒業之北大同學一人，林潤澤、
上官俅、馮葆民三人。余欲購較佳之紅樓夢不得。六時
朱德群來候，余往狀元樓與張梓銘、劉季洪同飯，德群
妻子陪客。狀元樓新復業，昨天做一萬二千元，今日食
客亦盛。余以酒不佳未多飲，飯一盂並食兩花捲，減輕
消化器之負擔。梓銘殊愛鄭明量雅，惜不易通知他。飯
後赴王家打十六圈，錢夫人常和大牌敲陳敏莊，陳敏既
失就又病風濕，輸錢爽直，現日住王家為常務搭子，難
乎為繼也。其另一常務搭子為陶謀鑫，今晚坐探斗上
家，使探斗八圈不和一付，真是碰巧。十二時余同朱盧
白返寓，秦錫疇比我更回得遲。崑曲同社張振鵬來，囑
余致函孫立人，求不往任軍官戰鬥團戰鬥員，而調陸軍
總司令部服務。

朱盧白之母郁，今年八十，佩芳之堂姊也，今晚盧
白奉之在王家消遣。其在家時常說壞話，必精神消磨之
盡，然後安睡，又疑心甚多，常自陷入不快。今晚在牌
桌旁喃喃集問於陳敏，陳敏苦之，及汽車候伊回，而
朱、陳打牌得安。余於歸途與盧白同乘三輪車，灣至濟
南路泰安路口，盧白說如此。而王為俊（剛森）之母
林，年八十四，雖亦打牌，靜穆不作聲。余疑郁之精神
過賸係性為之也，打針可治。

盧白得辭去新聞處長，改省府參議，極感舒適。其
辭職原因澎湖氣象測候儀壞，颱風來不之知，氣象局責
新聞處報導不確，致漁船損失，盧白抱氣象局各圖於省
府會議爭之。又鐵路加價係行政院二〇二次會議所決
定，執政者決定不發表何處核定，乃新生報與台新社稿

皆登出 202，人乃責處長不能控制新聞，朱乃求去。朱
任新聞記者三十年，為管制而得罪人不少，又新聞界實
無法管各報，皆仗配紙，若李萬居之公論報，每月售紙
獲九萬元，管制配紙不啻制人生命，朱何能為力。余聞
之，云吃你罵你是報紙，不勝慨歎。

　　台灣鐵路局自十月一日起，客運加百分之七十，貨
運四十。財政廳原日收奶款十二萬，月為二百五、六十
萬，鐵路上修理及新的增修軍運及為軍隊之設備，皆出
之蜻蜓尾巴，加價後初期收入雖比減，而十二萬之奶
金則不感沉重。監察院、省參議會皆云鐵路領導加價，
而美國查帳知政府每日掙公用機關之奶，而漠然於改進
設備，亦以為不當。而公路局長譚嶽泉謂公路能自給不
加價，說得極風涼。秦啟文云公路不可與鐵路比也，公
路修理少，客多則車加班，不若鐵路定時開車，常有
空車行駛，公路無軍運負擔。又鐵路局加價原請求為
50%，謂主管必減。

　　岡山海軍總司令部前曾拆鐵軌出售，茲又出售得鋼
軌與外國，啟文云。

10 月 21 日　晴，間有飄雨　星期

　　晨侯佩尹來，讀余兩年來詩，攜法文及唐詩宋詞選
回士林。余中飯應建國里六號張知本、吳苣蘭、胡宗
鐸、張行忠招厚德福菜，除青蝦及湯菜外無是處。回至
鄭味經家小坐，歸寧園臥，四時至顧儉德家小坐。夜在
龍泉街五四號應闕撥雲（漢騫）招，陪居先生夫人，叔
寧亦在，此外有趙恆惕、鍾伯毅。雲南廚燒得甚佳，飲

白蘭地三盃。漢騫初寫狂草，今寫大楷書，吳先生題曰
撥雲體。吳先生草篆 **撥雲飛星**
四字，寫得極佳。此外于先生書大將旗鼓及陸放翁鵲
橋仙、漁父屛四幅。宴畢返寓，蕭同茲生日，酒三桌，
羅季梅、孫芹池夫婦上樓候余。

　　侯佩尹於去年在桂林匪區作浪步詩：

浪步拉拉打腰鼓，春心滴滴扭秧歌，
彩霞易散紅花謝，奈此童男姹女何。

　　又述景匋在時戲作淫畫小記，偏於虐待。佩尹十七
歲時題其畫冊曰：

鞭鳳笞鸞事可傷，無端綺語亦荒唐，
淫心未死翻成殺，才士情懷不易量。

　　後佩尹自法歸國，介紹性變態諸籍與景匋，並釋其
意，景匋大悟。佩尹云婦人無不可者，因其渴而引之，
竿頭日上，無求弗得。
　　陳辭修今日謁居先生，道堅辭行政院長，居先生囑
其頂起今日艱局，辭修可作主張，宜負此責。
　　夜，廣撥機播金雀記喬醋，胡惠淵說白於平對句唸
不出精神，叫頭尚好，唱較佳。張振鵬林沖夜奔，此乃
做給人看手腳的戲，唱給人聽精神差些，入後力弱。
　　（三）慈悲願認子唱得甚中聽，曲譜於綴白裘分白處有

改動處，改得均好。最後唱紅梨記，我倦欲眠，不樂聽之審。

10 月 22 日　晴

自上午五時起即地震，屋舍搖動，臥床如在船搖波浪中，上午震五、六次。中央黨部紀念周，羅志希列舉十種歷史觀，證明歷史觀不可拘於一隅，如四盲人摸象者，以腳為柱、以尾為繩、以鼻為煙突、以肚為天花板。說頗透澈，於一小時內講畢，殊不易。又至革命實踐學院，總裁主席，讀總裁教育主張。本日軍官訓練團第九期始業，故讀軍人讀訓。歸寓為上午十一時，又逢地震。下午得張藕兮電，謂三時至五時地或大震，余因往見諸人，坐天井中。二女中學生騎自行車紛紛出校，云校中恐受災，停課。探斗又發起打牌，打六圈後，余至鄭家飯。飯後又往王家打牌至深夜，余負乃回。余頻頻發氣，對王夫人為多，王夫人至流淚。余所爭者為給人一盃水亦須具誠意，王家時視客人如無物，諸人不言，余獨爭之，殊為氣苦。

10 月 23 日　雨晴兼作

晨王培禮、方肇岳來借車，為方福生既經俞時中開刀，昨以地震懼無人招呼，用搖車接回，仍有寒熱。今日仍往，下午又求接回。王去，孫仁來，留仁吃粥。王雅又來，送仁到車站，雅至中央宿舍。余入立法院，讀十八次會議討論事項之其他事項。文羣上次臨時動議，劉健羣已往二年不無辛勤賢勞之處，應於大會以書面慰

勞，已有附議，尚未表決。余發言主不必，劉事已告一
段落，書慰反滋疑意。余措詞頗婉轉，大家心以為然，
兩起掌聲。迨後劉志平上臺，竟罵文少雲為老奸巨猾。
出，至居先生處，今日七十六歲生日，余獻詩云：

昨夕全臺震，今朝山岳新，
有心復故土，無侮老成人；
性以勤為樂，交因淡始真，
聊因答學稼，情動四方民。

鍾伯毅、趙恆惕、秦孝儀等皆有詩，于右任、陳
誠、闕漢騫、林彬等皆來賀。中午飯兩桌，菜不滿十
碟，飲于先生所送酒。飯後回，沈階升來商中央日報監
事會。三時工作會報，通過革命實踐學院明年起列中改
預算，並無可奈何。軍人之友社廣招會員。回寓略休，
在鄭家飯，有火腿湯及燒豆腐。與陸再雲同飯，約下星
期二再在鄭家吃餛飩。

秦啟文得花蓮電，廿二晨起花蓮大地震，全城半
毀，迄今大雨滂沱，震勢仍烈，震源在南湖大山山下五
公里處，山崩地裂。山在宜蘭、花蓮、臺中三縣界，此
次地震係斷層所致，臺灣處地震帶上，同時台灣地層係
「新生代」，亦即第三紀地層，一遇壓力即易發生斷
層。通常斷層多發生於離地面數公里之地下，學理稱之
曰震源，震源上之地面稱曰震央。世界有兩條地震帶，
一曰歐亞帶，由地中海西端的葡萄牙、西班牙開始，向
東循阿爾卑斯山，經意大利、巴爾幹半島、小亞細亞、

高加索而到帕米爾、喜馬拉雅山至東印度；一曰太平洋，為內湖之太平洋帶，由美洲之西海岸向北，循北美洲、阿留申群島、日本、台灣到菲律賓。歐亞帶南支經巴基斯坦、喜馬拉雅山、阿薩姆，北支循崑崙山（新疆）、祈連山、六盤山（甘肅）、川西、西康等地，與南支在雲南會合，再經印尼而到太平洋之新幾內亞。台灣地震帶縱者又可分為二大區，一為本省東側地震帶，以宜蘭到花蓮地區及其近海發生最多，震源深 30 至 50 公里；二為西側地震帶，以嘉義阿里山一帶為最頻繁，次為新竹縣南部至台中、南投一帶，震源較淺，淺至零公里至十公里之間。又自花蓮港經埔里至台中，形為橫斷地震帶。

　　總裁教育主張小冊稱曰教育與革命建國之關係，並說明民主的基礎在法治，科學的應用在組織，其要點：（一）四十年來，如果我們對國民道德教育加以培養，則今日喪失國民精神，不若是之多；（二）我們國家之教育實未實現本黨之教育政策，沒有樹立三民主義之中心思想，教師在學校不敢提四維八德，而以超然中立為高蹈，騎牆觀望為自由，共產匪徒遂利用此弱點來做工作；（三）五四運動還須增加一個救國的口號。

10 月 24 日　雨

　　閱報知昨日又地震七次，屬於四級者三次。賀國光、白崇禧坐飛機至瑞穗溫泉山上打獵，適逢此災，當夜不敢住在山上，第二日返花蓮，橋傾軌扭，不能乘火車，至花蓮而房坍天雨，水電俱缺。最怪者房屋皆直

倒，似自上壓下者，傾斜者則不倒。樓房倒者居多，死傷不多，其要點在晨五時震未坍屋，人民皆到空地，謠言時起，不敢返家，迨十一時大震坍屋，故受壓者不多。中午飯，盛鑌加入飯團，秦錫疇亦參加，錫疇今晚車返枋寮。陶謀鑫送還余遺在王家之鞋，余告以擬十月不往之意。下午黎子通來寓，余囑其告綴英十月十五日曾寄人民幣約百八十萬元。三時至中央黨部參加中改會議，張其昀、谷岐山均飛花蓮慰問災情。會中商救濟辦法三條，其第一條商請政府無息貸與災民建房款項，余主無息之上加低利二字。商立法委員可檢覈為律師否，余主不必限制，希望出大律師打抱不平官司，且律師多有如醫生多，無礙於社會。眾意多主不可，余乃進現日民選立法委員與往日不同，修改法院組織法第三十七、八條亦可提得。次討論李玉成糾正鄭通和申誡案，已六時一刻。諸人問張曉峯，回不肯，即散會。余乃回錦姪處，明孫便青稀。飯時有蛋餃及蒿白肉絲。回寓，錢中岳來坐，說沙莉之死做得不壞。同中岳至紅樓聽書，有一檔學各方鄉談，頗為有趣，書場又多遇熟人，殊足解悶。自前數日起肺尖發炎，入晚寫字則咳，晨吐黃痰，胸膈間不舒，便稀而不黃。此乃病發之象，而余隻身在外，有一姪女忙於育子，無法照顧余。而余自伐太甚，心憂意亂，不知能活得下去否。

10月25日　陰雨　台灣省光復節

　　晨朱鍾祺來，暫無需要用款。九時前赴總統府前，遇劉志平，贈以入場證。府前搭司令臺、涼棚五間。余

遇浦薛鳳夫婦，坐於張靜愚、陳仲經近段。典禮開始，火炬隊先向司令臺敬禮後，燃起火望。余語逖生，自原始至今，人愛弄火。次運動員繞場一周，樂隊後六女生張國旗，國旗後六女生張運動會旗，此後陽明山及各縣市一牌一隊旗。運動員衣黃者最美，女生以藍者美，男人有衣紅者，惟花蓮祇運動員一人，大家拍手寄與同情。次吳國楨講智仁勇，黃朝琴講鄭成功精神，蔣總統出講秩序。次表演團體操、土風舞、國旗操等，男女學生精神活潑，行動整齊，雖在雨中，人不稍餒。十一時返寓，飯後臥，臥起赴強恕中學商救濟款分發，冷融庵、衡政五、陳桂清、苗啟平均來商議。結果照冊發放，請調景嶺難民聯誼會斟酌能照案辦理否，再核星期日晨再商。歸，至雷家飯，與陸氏姊妹譚頗多，太平軍後伊父祇六歲，賴曾祖母年踰六旬者領育，伊父考秀才不得，育子女甚多，故家庭初時極苦。余歸後，談龍濱夫婦偕一親戚識姜宏者來訪，云姜宏在香港。余請二人到中山堂聽話劇。劉女留話，云在國民政府寫字殊忙，現移貴陽街二段二號樓上（一）號。

莫局長葵卿自花蓮回，云地震後鐵軌灣成油炸燴樣子，無法得水，無竈燒，乃至無碗盛飯，真是苦極。軍隊救災表示得不壞，民選縣長上山躲避，全不濟事。人民有三日不得食者，耳無聞，目無見。

昨在財政委員會席，莫萱元有論立法院句，云為人事選舉常呈緊張狀態，為派系成見，不免意氣之爭。余於南京第一會期作聯云「廢時失業，勞民傷則」，橫扁則曰「勵精圖亂」。其時反動分子盤踞院席，余又有為

選舉場布置作一聯云「兩行公共毛廁（指寫票處），一
對垃圾木箱」，頗傳誦人口，不可令新聞記聞之耳。

10月26日　陰雨

晨院會表決關於議事規則之論，列再付審查。余至
中央黨部晤羅剛、谷鳳翔。余與張其昀商雷震，伊主暫
緩決定。余到紹興南街晤雷燕珊，伊將往住中和鄉，因
沈善琪擬將房子出租。歸寓飯，飯後略臥。孫仁來，
同往蘇松太同鄉會，天雨，到四十五人，有主星期日開
會，有主印同鄉錄，有主工作更積極者。四時半散會，
曹君佩珩到余寓來坐，余亦至其女婿梁宗一家見其外孫
女。六時在雲和街飯，有豆瓣豆腐及百葉湯。飯後與
蔣、夏說笑一回，同沈階升乘車回。天雨，中山堂聽音
樂有票來，未往。

10月27日　陰雨

晨訪俞俊民夫婦，伊子時中將赴火奴魯魯參與醫學
會議，再轉美省妻及岳母，余定下星期二為之餞行。俊
民擬求一職務，余謂尋一消閒之事，伊述在長興及浙江
皆管人五百以上，雄心尚未已焉。十時紀律委員會，到
者五人，余代主席。雷案商議一回，未作決定。二劉暨
洪為選舉事始搗烏亂而終伏貼者，居先生主免予置議，
梁華盛以材料尚欠充分，覆第一組。餘為無爭執之案，
十二時散會。下午略睡，三時中央日報監察人會通過八
月份帳及四十一年度概算，董顯光又往美國行，前定還
台銀及物資會紙價辦法，每月十萬以下，照九月收入還

債無問題。馬星野說銷路不能再少，同業競爭應防止，若份數減少則廣告收入亦減，便無法因應。晨赴俞家之前，侯佩尹來訪，贊美所借伊之法文書，又在余室讀余日記上詩，稱快。在中央黨部逢俞勗成，伊妻已來台灣，而紙業公司減伊月酬為二百元，伊訴苦，求余助伊謀事。譚稚暉師草山寓中，中秋馬太太霸住人家送師所受月餅（吳續新云損人利己），馮元賽（俞希稷夫人）係師胞妹之女，爭之，馬太太擲月餅滿室，跪地道歉（吳續新云損人不利己）。吃包飯，每家夾菜分食，不成樣子。陳凌海索分磨墨金成數。儲福興為吳和叔之外甥，現侍奉老人，一妻二子擠鬧不安，此皆老人性好如此，自討苦吃。與六條通七號，人口擁擠，勃谿難理，如出一轍。五時後待周佩箴、鄭明不至，余坐三路車，擠得如沙丁魚。入顧儉德家吃煎餛飩、焦米粥，仍有魚有肉，肉似我家過時節燒者。飯後朱人德來，同往中山堂觀大鵬劇社水濂洞翻觔斗，余坐居夫人旁，觀至鳳還巢醜女入書房而歸，即臥。下午王雅來小坐。

10 月 28 日　晨雨，下午晴

晨侯佩尹來，士林星期日總統作禮拜，進出不便，故來就我。余同之赴強恕中學，抹桌掃地，清除會客室之後，對坐譚會。又在塘邊觀新造三萬元屋，計六間，底牆臨水處雖有垛牆，殊嫌單薄。遇朱品三正在開小組會，余簽字於香港難民聯誼會及楊管北書後，乃出。候衡政五、冷融庵久之不得，出走螢橋茶館，以上堤過川湍橋至頂溪洲 115 號，其中住者為程玉科、宋漱石、

孫秉權、會唱鬚生之張廷華。宋商在街上發起砌水泥路，宋最懂社會人情，有一女頗摩頓。余出訪花園路謝承炳，伊因小病臥床未起，見劉三因不得赴重慶，在上海所書「江國踰千里，天涯寄一歡」五言聯。出，過汪抱玄新宅，園大而房小，地僻而客多，汪夫人正頭痛。歸寓略抹牌，飯時漱石供酒，余未敢多飲。飯後歸臥，三時至成功中學聽痴夢、勸農、□…□等曲。六時至賀仲烈寓，周心萬、許孝炎、陳博生、張明煒、郭紫峻、□□□，相與飲陳紹酒，係蔣經國自舟山取回者，諸人飲酒極爽，余未醉至醺。散席，過陳堃懷，堃懷送余歸，招呼余良久始去。

10月29日　晴

　　晨赴中央黨部紀念周，鄭彥棻報告東南亞黨務，云華僑最多為東南亞，而各地新舊秩序、帝國主義與民族主義、馬列主義與社會主義三者尖銳對立，所在國或承認中共，或不承認，而所在國之政策，華僑受厭迫居多，其所為愛國表示，實難能可貴。鄭說時聲音頗高。禮畢，余購零食送方福生，以慰其開刀之苦。飯後，三時金生麗來，余再至中央黨部晤經國，知總統已上阿里山避壽。經國云有軍聞雜誌載總統一文論及俄國，此為數十年前事，與現日狀況亦合。余參加中改會議所議及之事，廣而難理，已超越中改能力之外。胡健中云如此下去將不勝其煩，而本機關能力反減少。最後譚鄭通和申誠事，通和不服，又來一申辯書，而監察院又為此事提其質詢，對鄭益將責難。張其昀主袒鄭，而谷正綱等

以前日所議為已,當所謂以是非決定紛爭,亦非易事。六時一刻余離會至袁企止家,閱何紹基臨漢隸衡方碑及日本人印支那名畫大觀,自晉顧愷之女史箴至清吳俊卿。余以放光鏡閱古人題跋,古人書沉著厚重,清末則飄薄,畫亦同樣。十時返,浴後得安睡。

十月廿五夜,余夢惡犬嚙余手及足,余恐兄弟行中有傷損,夏敷章云須防失財與小人。二十八夜又夢同家人太倉西門搭輪船,四人余購票三張,再上岸購第四張。輪船開行,余自岸一躍上船,輕靈之至。

總統提前於廿八日上午做紀念周,余未往。據參加者云,總統講英國保守黨選舉多於工黨十餘席,邱吉爾組閣於反共較有進展,於吾國幫助則不多。

10 月 30 日 晴

晨往武昌街立法委員直屬黨部簽名祝壽,人多排隊,坐壽桌前椅上簽名。出,繞衡陽路吃生煎包子。入立法,今日因禮堂不空,停開院會。回寓,朱佩蘭、韓叔和先後來。飯時有紅燒鴨翅膀,翅尖處余無法食之。下午三時工作會議改開中改會,通過八月份工作審核意見。又討論幹部分子管理辦法,說的花好稻好,難以實現。五時余至中心診所為俞時中餞行,時中明日赴馬尼拉轉檀香山,參加國際外科會議。共西餐十八客,張九香到後先走,諸人以余難得請客,皆極歡喜。九香夫人健談,討厭靜江抬椅人蘭生,張家呼伊謂蘭嬸嬸,不知者以為蘭生嬸也。又言林可陞為新郎,與李石曾先生論牛奶葷素,爭執至面紅耳赤。時中此次擬發起殘畸兒童

醫院以紀念其外舅張靜江先生，擬在美募捐，歸立私人醫院，而美援及其他慈善基金皆須是公立方可請求補助，時中殊不願為公立也。九時陪居先生至華僑晚會，見變戲法、吞刀片，又聽焦鴻英清唱，居先生夫人、叔寧至寧園，上樓一觀，頗愛樹木及廊。孔德成、劉象山來，未晤。

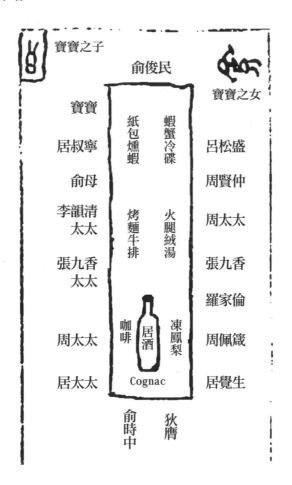

10月31日　晴

今日為總統六十五歲陽曆生日，余起身後即至俞俊民寓送時中，譚甚久。周賢頌來，又與譚孫俊、王培禮謀事，賢頌云周君梅現往日本。時中以今日十時乘飛機，余及賢頌皆不能送，時中贈余老蘇格蘭 Old Smuggler Brand, The Gaelic Whisky 一瓶。余至中央黨部簽名祝壽，王亮疇、蔣夢麐先生皆怪余不裝牙，丁德隆與余論道。余歸寓，入兄弟理髮室理髮，成祝壽詩一首：

心喜寧非瑞，今朝天豔陽，
全民雍矚望，列國佩堅強；
一旅曾興夏，三遷不礙商，
書名申私祝，仁者壽無疆。

飯時孫仁來，飯時伊赴張壽賢家陪其家人觀劇。余至中華書局，得青浦縣長劉勁自徐州被捕息。劉任青浦時解決丁錫山，今錫山已封烈士，徐楚蘭同學及蔡庸之皆被殺，乃亦捉劉歸青浦，必無倖免矣。四時至孫秀武家，候伊浴櫛後，同走車站前觀熱鬧，入三陽春麵，蒸餃、餡肉。余回錦姪處，略食飯，逗引明孫一回，乃步行返寓。街上頗多音樂歡呼之聲。

雜錄

張篤倫，中崙光復路 22 巷 67 號。

陸幼剛，Mr. Y. K. Luk, 1462½ Donna St., Los Angels 7,
　　　　Calif. U.S.A.。

沈遇春，希望任台鐵員工訓導組組長。

宋述樵，頂溪洲中和新鄉七號，介紹阜陽韓權維售五香
　　　　豆腐干。

徐銓，重慶南路三段九巷六號。

張充和，文學能畫，現嫁美國人傅漢思（北大歷史系
　　　　教員），在舊金山東方圖書館。

傅緯武，新竹大溪初級中學校長，大溪鎮溪口袋。

張祖同，台中市三民路 131 號聯勤第二補給分區司令部。

衡權，字政五，新店七張路八十一號。

孟傳楹，上海路一段 21 巷 21 號。

張星舫，羅斯福路四段 48 巷一號。

張書田，台中茶葉加工廠。

彭芳谷，台北木柵鄉木柵村第十二鄰木柵街 190 號陳丙
　　　　南轉，或台大。

彭襄（海厂），九龍城福佬鄉 124 號 B 樓上。

金秉全，香港九龍漆咸道 437 號地下，入台證 17206，
　　　　十一月廿四日。

錢志堅，高雄中山一路二五〇號開利汽車材料行。

袁世斌（冠新），徐州路紹興南街十六巷四號。

周永禔，陳海澄夫人，許之從甥。

周永灃，農復會總務主任，許先生外孫，中山北路農
　　　　復會宿舍。

許世瑛，師範學院，教中國文學。

許世珙，農復會鄉村衛生組。

許世琭、徐梅麗，和平東路青田街六號。

周星三，基隆，八月中往，九月二十三日來信。

中央日報社出力者，黎世芬、李荊蓀、耿修業、錢震。

盧滇生，瀋陽路十一號朱宅。

狄德甫，信義路三段廿五號，八三六六。

謝素葵，嘉義縣大林鎮三和國民學校。

盧覺淨，台北新莊區五股鄉成子寮，觀音山浚雲禪寺
　　　　及西雲禪寺住持。

伍叔儻治灰指甲法，用轎頭（蒜之一種）塗抹，及服雞
蛋殼磨粉頂出（羅志希云）。

丁治磐，羅斯福三段 271 巷一號，門有水門汀地一方。

呂松盛、周春星，寶慶路五號歐亞旅行社 EURASIA，杭
　　　　　　州南路一段 71 巷 34 號，電話 8121。
　　　　　　春星十八日上午十時五十分產一男
　　　　　　孩，在中山北路二段台北產婦科 216
　　　　　　病房。

謝壽康，Dr. C. K. Sie, 42-18, 76 Street, Elmhurst, New York
　　　　(Queens), U.S.A.。

項蓉，高雄前金二街十六號，省立女中宿舍。

趙葆全，7647。

錢鵬，字雄飛，英梨華僑公學校 Chien Yun Fee, Sekolah
　　　Hwa Hiauu Endeh Flores。

斐力之（裴），湖南安鄉縣黨部書記長，地址問張雲漢
　　　　（第五組）中山北路一○五巷十六號，
　　　　電話二○五六，行政院區黨部。

裘贛英、張嘉興，強恕新生。

薛慕韓，臺南佳里北門中學。

談龍濱，貴陽街二段 106 號葉寓。

朱世楷，新竹申字第 7013 號信箱附三號。

孟思予，行政院。

錢錫元，高雄市中山一路 192 號。

徐燕謀，中山北路 121 巷 58 號。

某太太，南京東（西）路十七號或三十七號。

宋化純，碭山人，南投縣主任委員，有人控他選舉不公。

馬詒諤，朱孟豪婿，女鴻霞。

褚徐祖慧，徐祖詒妹，在日本東京。

狄德甫，信義路三段廿五號，八三六六。

唐文和，中山北路二段一巷八衖二十六號。

趙復漢（曉珊），文山區木柵鄉中興村五十八號大春農
　　　　園，溝子口下車。

閔石麟，台北郵政總局 239 號信箱，新莊塔寮坑龍壽村。

沙首席（朱佛定妹婿）、葉春芳、金維繫、陳鐵、陳訪
先、陳紫楓、李應生、潘其武、周正，芝山巖國防部保
密局，總機 6583、6371、6372、6373。

丁鼎丞，日本東京中華民國駐日代表團招待所八號。

鄒湘喬，台中市大智路教育部檔案清理處，台中縣霧峰
　　　　鄉北溝郵局一號信箱。子莊申，媳申若俠。

莊慕陵（尚嚴），台中市振興路四四號，國立中央博物
　　　　圖書院館聯合管理處。

葉行知，中正東路二段十四號，電話七○○一－六七
　　　　號。溫州人，孫仁婿。

朱鍾祺，雲和街七號。

王逸民，南京西路二百五十巷七號，華豐泰貨棧。

謝長茂，臺南新營鎮六十五號，糖業公司新營總廠。

曾蜀芳，博愛路二十七號文化招待所，一二三上午，
　　　　二四六下午。香港皇后大道中公爵行二一五號
　　　　益祥輪船公司。

楊管北，台北信陽街十五號三樓益祥輪船公司。

錢澍德（張君友），基龍愛七路三號。

徐培，香港英皇道堡壘街#47 地下車房。

萬繼勳，澳門得勝馬路 28 號，28 Estrada Vitoria Macau，
　　　　救主修道院。

談龍濱，貴陽街兩段 106 號。

陸榮光，新生南路一段 103 巷 53 號楊兆熊宅，8021。

施振華，台北台字第七三四二號信箱。

茅怡安，和平西路一段 82 號 7455，住新生南路三段 94
　　　　巷六號。

徐象樞，L. A. Hsu, D13 Foundation Apt., 304 North Bd,
Galveston, Texas 903, Mechanic Galveston Texas,
U.S.A.。

劉文騏，譚訓聰內侄，省菸酒公賣局。

謝長茂，台南新營鎮六五號公誠代用國民學校，二四
五〇新營。台中自由路 78 號，台中女子中學
姚梅影轉交。

朱葆初（福元），日本東京麻布區廣尾町三十五番地，
日本東京麻布區駐日代表團馬詒諤
先生。

陳凌海，草山陽明路七十五號，妻朱方韋，子朱飛。

張希文，國語小學校長。

鄭戡、鄭超。

溫麟，字子瑞，中瀝中學校長。

徐柏園，中山北路三段武昌新村六號，二五五六。

帕米爾書店，寧波西街第二十六號。

畢天德，窩打老道界限街 142 號二樓，香港。

任治沅，南京人，金城磚瓦公司同事。

吳毓森，台北縣三重鎮中央印製廠台北廠人事課。

11 月 1 日　晴

　　晨雷陸望之同袁世斌戚，某橫死司機婦來坐，婦仍掩面泣。八時半王子弦、張壽賢同入交通銀行訪趙志堯，未晤。與侯副經理及田昆山談一回，乃入中央黨部參加中改。明午將宴評議員，報告經濟動員局，陳誠挽留，劉健群准辭，及台灣省代表大會各節。三月廿九全國代表大會一說則徵求意見，張曉峯云老先生不耐久坐，亦不參加意見。原定月會集一次，不開會則云不評不議，以開會為佳。十一時半余回，在立法院領款，為郁佩芳五十元為其在永安當立一存摺，交王世勛帶回。飯後臥，臥起更衣，發現鼠囓我范祖淹所送羊毛衫，極可惜。余於三時許赴中央黨部還暫移款，得領十一月份公費。走濟南路內，陳堃懷婦胃口痛，新生兒方三月，正餵乳，堃懷無可為計。余於銅象台搭十路車至士林劉大悲家，見新造雞舍，一部分雞脫毛，大悲夫人無可為計。尋侯佩尹，方閱法文書，佐以最老之教會字典。余等在陳所長室食洋桃，味不及廣州之美。大悲曰杧果等產於台南、高雄者佳，台北不之若，不可勉強。五時許回，走雷孝實家，孝實今朝五十九歲生日，客室懸四紙玻璃燈，臧啟芳、袁冠新、王□□、李夢彪五十餘人均來食自助餐、炸蝦、燻蛋、撒拉、豬排、包子、炒麵及湯。先唱崑曲，王節如唱八角鼓及大西廂，王節如、蔡太太皆八旗女人，均能唱。次唱皮黃，賴璉夫人及其妹沈小姐皆唱青衣，王局長唱鬚生一段，頗蒼老。臧啟芳成木蘭花慢，余作七律一首：

壽雷孝實五十有九

酣歌崑亂意難申，浪裡同舟愛此人，

事業肇成甘淡泊，詩文繼起見溫純；

停辛欲以身為範，周甲看將老坐貧，

儘有餘年賡唱和，日歸重與物華新。

　　九時演電影，余於新聞片演畢步歸。本日望之姊七娘娘病，賀鳳蓀病在醫院。

11月2日　晴

　　晨曹佩珩來，譚沙州人才及地理，北岸狼山坍，南岸沙漲，不久將自沙州連福山。同伊至三六九麵。入立法院，今日新經劉聖斌提議按時改會，九時半開成會。黃國書及祕書數人供桌上三十分鐘，簽名處新做高桌高凳，姚愛玲等四人高坐踏凳，如塑像之在廟門者，為吉為凶未可必也。劉友琛、張子揚為院務改進有提議案，請余簽名。余曰不關我事，劉曰子為委員，何以不關心院事。不知不簽名於提案，亦院務改進之一。今日甫改良會場，下午又以院預算及機密費等改開譚話會，又不關我事矣。十一時車送米、鹽、油與孫秀武，又上樓家寫送王寵惠六十進九壽席紅帖，堯樂主席及伊黎廣祿委員夫婦設筵兩席在雷寓。十二時入台北賓館，余與居先生步太陽沿湖後土山，見所植油杉等樹，有皇太子、韓昌德宮李王及東伏見宮、伏見宮博恭王、久邇宮、久邇宮朝融王、高松宮、賀陽宮、梨本宮守正王、北白川宮大妃等名牌。嗣張岳軍、吳鐵城兩先生亦來觀賞園樹，

張先生云此園之結構在日本亦少見，余問及襖繪庭園，
張先生亦不之知。十二時三十分開飯，余坐陳辭修旁，
食魚兩盤。辭修聽留任報告，尚欲有言，余勸伊不作
聲。居先生、鄒海濱、吳鐵城講畢，余即歸臥。三時起
身，不往院中。覆金秉全書，告以入境證將辦成。又覆
莊尚嚴、傅緯武書，緯武為大溪初級中學校長，約游角
板山。五時至曹佩珩女婿家打聽曹鳳美，在台北成州國
民學校任教員。曹石和係鳳美之胞兄，現在香港請求入
境。六時在王豐穀飯，有豆腐干，煮得頗鮮。飯後寫
「恆孚行」三字，乃至徐向行處小坐，始知戴郇（般
若）為丹山之胞長兄。台北市分區停電一刻鐘，余欲往
強恕中學，路黑見阻。余之欲赴強恕中學，欲問香港調
景嶺聯誼會及楊冠北已發出否。余見十一月一日香港時
報登調景嶺江蘇同鄉會華香字第七十號通告：（一）大
陸難胞救濟總會救濟金業已領到；（二）訂於本月二日
至五日在調景嶺營，由各縣市代表具領轉發；（三）凡
本省流落港九難胞，經報核有案者，每人港幣三元七角
五分，請逕向各該縣市分會具領為荷。理事長宋安業、
監事長陸心一。余昨得華壽崧書，云十月廿八日香港時
報發表江蘇十七縣難民代表致江蘇留台人士公開函一
件，對救濟難民事頗多誤會，觀其語氣，似懷疑收款人
從中擱置不發。又韓叔和來，云漏列之縣計寶應、泰
縣、金山、連雲、鹽城、銅山。今日衡政五又轉來韓同
一信，不知不周到至若何地段，余今後亦不擬理地方公
事矣。

11月3日　晴

　　晨將起身時，劉象山來，同往西門町三六九麵，味亦差可。在博愛路別，余入中本取利，知十二月一日前存摺作廢，將減息為每月六分，聞官價為四分五，中本尚需貼一分一釐。白上之云此為放息與存息相差太巨之故，余謂此為驅新台幣者購黑市金，金不便移轉，存金者多則新台幣流通量尤少，物價必漲，富人與貧者均愁無錢使用，此引起不安之由也。余於三十九年十月三日存中本新台幣六千元，其時可購金二十兩，後逐漸再存入四千元，尚可購金五兩，今積存一萬六千五百元，以今日一千八百元一兩，尚購不到十兩金。然余以現款助人較售金為方便，張百成君以為可惜，實亦無甚可惜也。出中本後，至省政府訪浦逖生，請為曹石和證明，伊謂不如由余致吳主席一函證明兄妹，而由伊交辦入臺證為便。回院交徐香英百元與富霈帶去。回寓飯，飯後黎子通送來綴英橫條云，衹云「大師母說以後寄款請寄許鍾權收轉施家老太太，醫藥費鍾權已曉得了，謝謝你。」三時馬存坤來譚，謂（一）出賣方治係馬正九所為，有一人名馮治安者可證；（二）劉啟瑞等八人實親請夏威辦他；（三）殺秦忠鈺判決書未經核准，休寧法院認為手續不完備；（四）余責伊對杜正勛處置過分，伊亦承認，此外余又責伊不應在受任為台中市主任委員時不說明安徽有案，本無不起訴處分書而云有之，及說劉啟瑞與夏威勾結陷害等語。馬講安徽政治黨務糾紛，歷一小時始去。入晚余始知馬案已起訴，不知今日晤馬有無其他文章也。五時到中央日報略坐，董事公費說下

午再送來，余在寓久候，到社親領又自郵局匯我。余至
向秀寓，同出走中山北路，在洗染古董店遇張實甫、吳
棣芬。歸秀寓飯，有卞白眉之姪女與方肇衡為朋，數月
前與人離婚者同飯。飯後余回，方肇岳送至馬路之西，
余購柚子贈之。

　　晨劉象山攜彭國棟來信及集古今人詩哭其弟經文詩
六十首，經文於辛卯八月初自湘逃港，至深圳被匪扣
留，吞金、自縊、屠腸皆不死，送至廣州治療後，復於
中秋之夜投海珠橋自殺，囑余題贊。

　　新聞評論載余紹宋（越園）今年端陽病卒，其愛姪
曾任江西樂平、萬年縣長，名大年者，先被匪幹由杭解
回龍游槍決，越園悲傷致卒。越園曾祖端禮，清左都御
史，叔祖恩榮，清翰林。父延秋，廩貢生，在衢城設館
授徒，母□氏能書能畫，年八十九，今仍健在。越園愛
居龍游之沐塵山中手植寒柯樹一株，自署寒柯居士，著
有中國畫史。

　　中國新聞又載賀耀祖妾倪斌君今任訪問印度文化代
表團團員，倪木南京中央醫院護士，民廿歸賀，賀攜往
土耳其。倪送諜報與蘇聯及中共，共匪南下，賀策動程
潛投降。

　　丁燮林任團長，馮友蘭、鄭振鐸十五人為團員。

11 月 4 日　晴　星期日

　　晨往尋鄭明，擬同伊出游，值伊扁桃腺腫，舌胎亦
黃膩，乃罷。出，走和平西路訪徐琳夫婦，云勝利後曾
歸平湖，蕭條已不像舊日金平湖之狀。出，至貴陽街二

段二號尋談龍濱、劉文川夫婦，所寓比從前為佳。歸遇飯，秦啟文招待某夫婦攜二男一女來游園，莫葵卿同飯。飯後一時，胡希汾以車來候余往西雲寺陳果夫厝地。三時半登位，到者男女約三百人，陳誠、蔣經國、周佩箴、勤士老先生均至。余欲自山至觀音山，僧云尚差八里，天又秋燠，勢不可往。禮畢，乃隨葵老車自成子寮歸，與去時走五股為平行線，路較差而較近。回寓後劉象山來譚逃兵與軍人中自殺者不少，情勢頗難令一般軍人認為有望。六時半虞克裕來候余，往伊寓吃朱國材父母所治常州菜，以燉鴨及蒸臭豆腐及蓬蒿為美。胡希芬之叔為軍官者及楊佛士同桌。飯後談中央黨部舊事數則乃歸，閱後即臥。

11月5日　晴

晨聯合紀念周，程天放報告教育部祇有編譯館、故宮、臺大及澎湖某子弟小學四機關，次比較台灣今日教育與日佔時期有進步，次言學風有進而設備不觳，次報告留學生派遣及回國各情，最後講返回大陸設計。禮畢，余至省黨部參加台灣全省代表大會，居先生演講。禮成後回寓，張曉峯語我吳稚暉先生小便不暢已四日，蔡醫生往，頗不得法，余乃提早吃飯，過士林拉劉大悲同往。至則師方飯，極言晝三舉重若輕，蔡通管太重，至攝護腺發腫，服藥則常有便意而不暢，且逼出大便來。最後師云昨打了兩針，小鳥不乖巧而屁股受累，亦算笑話。余勸師飲西瓜汁一大碗，勸伊安睡，又言蔡醫可靠，宜信從之，乃浴，浴後回寓。入中央黨部，與蔣

經國、張曉峯、諶忠幹言之。中改會議討論志願青年先
鋒隊，胡健中曾提及團與黨脫節，蔣經國以為所言不
當，陶希聖在余旁寫一條云「歷史之演變是無情的，東
漢末黃巾起，曹孟德、孫伯符、劉玄德等都是青年小
校，黃巾打垮了東漢，他們又從黃巾中打出來，他們真
擁漢獻帝嗎？他們真擁漢獻帝嗎？」陳誠講辦先鋒隊，
錢也是重要的，四十一年中央支出政費一億四千五百
萬，加債務四千五，合為兩億。軍費約十二億，還儲
蓄票八千一百萬。中央共需十五億，省十億，共需二
十五億收入。中央九億，地方五億，美援八億，共約二
十二億。總統又命列防空費一億五千萬、黨一千萬，皆
不知所出。余行政院長決辭，不知擔負幾日，但言語需
得講明云云。六時余至鄭家飯，飯後坐車回寓。

中改之下設一國際問題研究會，葉公超經常作報
告，陶希聖為主席，周天固為紀錄。今日見到第十六會
議紀錄所作判斷：（一）邱吉爾第一步之和平運動失敗
後，與美共同對付蘇聯必趨積極；（二）英始終不贊成
美進行韓戰；（三）保守黨政府安定性不強，因（甲）
工黨所得總票比保守黨多，（乙）工黨重要議員均未失
敗，保守黨議席超過工黨為數甚少（祇十六席）。

香港十一月四日香翰屏等追悼區芳浦事略，載區名
普春，世居南海山南鄉沙水村。祖鏡予不慕榮利，好讀
書，父奎萃為秀才，有文名，字星壇。芳浦幼入兩廣高
等工業學堂四年，畢業任德慶、東莞、五華縣僚。十五
年為陳濟棠軍政訓處祕書，後為第八路總指揮部政治部
主任兼梧州市長。二十一年任廣東財政廳長，豐省中

程工業肇興。二十五年解組，出洋考察。廿九年濟棠長農林部，任總務司長，逾年辭職，赴桂改進麻織。三十七年再任廣東財政廳長，患癌症，腰脇時感疼痛，赴紐約就醫三月良已，而今春病發，三月一日逝世，年六十三。

先慈最喜說「女孩揀掉了肚腸都不會死」，此乃自經驗得來。工商日報載英國文摘十一月號載人體奇蹟，有云女人比男人更樂觀、更富有冒險心，如過經過解剖手術治療疾病，女得痊愈機會總比男的多。他們比男人身體更強，這表現在她們對於遺傳疾病及傳染病之抵抗力較強。據說男孩與女孩假定同得一種意外疾病，女的康復機會時常是較大的。

昨在黨部見影行張沙鷗藏漢劉歆草書序六藝為九種墨跡，敘寫時為元始五年十月，為耶蘇紀元後五年，決非偽作。而後附王獻之跋無年分，孫過庭跋無年月，文徵明跋無年份，皆可疑。張沙鷗癸未孟夏引言云，草書之起，原於列國，後蔡邕云昔秦之時，諸侯爭長，簡檄相傳，望風走驛，篆隸之難，不能救速，遂作赴急之書，蓋今草是也。劉向與歆父子均為寫書之官，錄寫繁劇，隸與章草不敷應用，取今草而代之為必然之勢。歆曾為王莽大夫，不免為人輕視。比時縑帛為紙，既貴且罕，舍御用外民間絕不易得，此向、歆墨跡之所以罕覯也。其說甚似。

張引言又云，紙，縑質，縑，絲也，昔以為與絹相似，今睹此卷乃了然，於古之所謂縑紙者，乃以一種繭絲搗爛成漿而製之紙也，無經緯，無簾影，長一丈有

二。古云依書長短，隨事截之，非此也耶。墨色古樸，黑而不凝，黝然有光，雖唐之松煙，不足方其淡雅。

　　張沙鷗不詳得此卷墨跡由來，僅云以非常因緣得之，來頭可疑，容更請教識者。

11 月 6 日　晴

　　晨院會，九時黃代院長宣告展延二十分鐘，屆時竟得開會。余聽至為調景嶺炎上災情即歸，臨劉歆墨跡為樂。下午工作會議，祕書處有嫌紀律委員會決算為未經答辯者，余未及前知。此外為討論夏斗寅撫恤案，有人謂伊留漢口，實有所恃，而觀望身後，亦不至蕭條，其姨太太嫁人者，人依姨太太鎰金為活。其語至醜，我為驪先惜也。六時至鄭明處飯，天熱可單衣，新月朗照，疏星閃光，歸途頗樂。吳寅介來，託伊調查某案。錢羽霄來，出日記上詩，伊讀時無遲疑，同鄉且長於文理，故爾能如此。

11 月 7 日　晨晴，午雨

　　侯佩尹自沈宜甲處來，余算命謂乙未戊子乙卯壬午，比肩多，主愛情，無限桃花一路。又言明年天喜紅鸞，恐將增娶一人，後年必得正印，自此壬午辛巳庚辰有二十年好運，謂正印、偏財均在晚年。余雖不樂做官，娶人有不可卻者。正譚論間，張沅耀來送楊管北信，謂擅已發款，保留一千五百元港紙充繼續核准之需。余即將楊來書暨宋安業收據暨發放辦法送至強恕中學，謂各單位應補者即補行造冊，俟港冊來時一併核

定，以了結此事。議畢，值學生作課間操，余演講不能有大保型真懂及注意身體三者，約五十分鐘。出校，天雨乃回。飯時有百葉絲、冬瓜、紅燒鯽魚，頗為下飯。飯後熟睡，三時出席中改會議，為台灣省地方自治人員及縣議會經訓練之聯誼辦法，討論甚久。連震東以橫的有聯合，則事實上可與省臨時議會變兩層。有人主用黨團方式，黨團指揮不能自中央出發。蕭自誠認訓練後之把握為多事，而總裁以訓練後不管為虛妄，最後決定俟總裁主席論定原則後再議。至下午六時始議，洪金園原停止黨權六月，劉定國、劉闊才原開除黨籍，紀律會覆議免予處分。袁五組、陳一組均主嚴重警告，余以紀律會之決議經改造委員會通過後執行，主再交紀會，眾說無需，囑余向老先生解說。六時半始回錦姪處飯，韭菜蛋皮、蘿卜煮肉及豆腐皆合胃口，今日明孫會發出初露稚齒。錦之房東欲為其子成婚，囑讓屋半間。余露消息，明年列防空經費，耀有卜居新店之意。耀有解釋綴來條是寄綴款可託辭為寄施老太太之醫藥費，此一節目許鍾權已知之，最後謝謝你是對小虎子說。飯時余歸寓，臨劉歆草書。

11月8日　雨陰

晨赴同安街七十二巷二號狄憲英家，憲英適陳炳源，在水泥公司作事，其屋舍新砌圍牆，客房新裱糊，有兩子一女。幼子新生甫三月，能坐二、三分鐘不倒，立直時知搬動雙腳，真特別強實也。余尋自調景嶺新來住在伊家之狄擎華，擎華去尋楊古白，未遇見。回中央

黨部，在夏敷章案頭見明人筆記□□□，下冊頗好笑，
記數名詞近不用者如下：

攝盛：謂對盛舉再錦上添花也。

讒瞜。

擅：即揖也。

摸枋：皇木之六者，人立兩旁不相見，但以手摸之而已。

　　十時中改 237 次會議，陳誠主席。余提昨漏報告之
吳秀峰應設法令其退出國際勞工局職務，引起羅志希郭
有守明目張膽在印度大使館認政府是北京政府，主張一
切在國際機構因中國政府提名介紹而現日附逆之人，
均應檢查罷斥。次討論明年度工作綱領及中心工作，費
時至多，張其昀舉四十一年應為之大者：（一）為反攻
大陸，東京工作與港澳並進；（二）為全國代表大會；
（三）為海外；（四）為幹部；（五）為小組活動，頗
為扼要。在十二時將鈴響時，陳誠講穆懿爾卸任經合分
署署長，到陳處辭行（六日上午十一時），謂：（一）
亞洲要有如歐洲之公約；（二）美與經援，中國得較多
軍援，與經援配合，可能有 10/100 經軍流用；（三）
經援軍援區域按軍事需要而定。穆又云臺灣雖有進步，
但進步不彀，要有新號召，號召後應有詳細計畫。羅斯
福第一次為總統號召成功，因號召後有詳細計畫也。鄙
意應有經濟建設三年計畫，臺灣今日政治總績國際反應
不好，國民心中亦以為不好，而外間誤傳蔣總統主自立
無需美援，實則總統曾有一日對陳誠、葉公超、嚴家
淦、周至柔、王世杰、黃少谷、□□□、□□□八人

云，美國建議頗正確，應予接受，我無自動之精神來改良，再不接受人家建議，豈非毫無前途，文字上不好看何妨之有。穆懿爾聽了非常欣慰，以為兩國之幸。余俟陳辭畢即歸飯，飯後因院中祕密會有難決之事，余不往院會，臨劉歆草書。三時半經西門町則遇李郁才，知院中流會，郁才請余食西瓜。余遇喬鵬書正往定皮鞋。余過燉煌書店，羅太太給一燒餅。余入趙韻逸家，謂金華崑曲皆整本，先來兩齣短折，然後唱整本，以一日唱一整本為率，長生殿則唱兩天。唱詞有時較速，頗有精神不盡，為水磨腔，余問以海鹽班歷史則不知。趙小姐聽故事，趙太太贈余鵝蛋二，謂以燉來吃為嫩。余贈張懷老太太及七娘娘各一，七娘患血壓高，起身則頭暈。余與孝實各飲白蘭地兩盃，余已唱詩，冒雨而歸。在博愛路遇姜超嶽，拉上國貨公司六樓，為總統六五賀壽書畫展，七樓總統生平影展。超嶽約余到伊家飯。七七抗戰之後、南京將炸之前，江山人在南京有一部落，余愛往游，題曰「如此江山」，姜超嶽、姜次烈擬為伯、仲二房命名起井公、起田公，朱雲光、王學素、鄭國士、陳柏青相與飲酒覓笑，今皆被殺，不勝慘痛。

余前晚夢見父母觀余寫字，墨沾襟袖，先慈笑余清潔不來，余醒後以得見兩老為喜。昨晚又夢兄弟間事，醒後即忘。

六日上午八時陳誠在台灣全省代表大會演說，云敵人之所欲者，希望我們以自我宣傳為能，以應付、敷衍、取巧之官僚作風為實際政治，甚至造成環境束縛政府手足，使政府癱瘓無能，一籌莫展，使民眾由失望而

一天一天離開吾們，造成亂要錢、亂用錢之惡劣習慣，
不顧國家困難，使民生不安，經濟崩潰。

11 月 9 日　陰有風

　　晨陳炳源陪狄擎華來，伊為狄氏子弟上調景嶺之第
三人，在港為小工者，六月任糖磁廠工人教員者。五月
離滬，曾往別畫三，畫三囑以不必往兆麟處。往建侯
處，建侯對座一人為共產黨，無可譚者，建又介紹伊在
中紡任事。至港後得一電報，云有二百單位待遇，伊未
往。兆麟今傳被捕。擎華將赴臺中謀身分證及宜蘭謀農
業學校事，余贈以零用二百元。九時入院，三十分開成
院會。未開會前黃國書在池座與委員譚話，已不高坐堂
皇，余前日作諧聯「座上一排菩薩，門前四個判官」已
成歷史文件。張子揚等提院務委員會，余本擬發言反對
「院務如經濟、人事、預算均有法規可循，只要得人執
行便臻上理，以祕書長總其成最合理想。今兩周一會取
合議制，仍不能解決問題。副院長參與其間，有時還當
主席，當感不便。院議設立此會，將來必多以院務報告
院會，妨礙立法，立法委員以少管雜務為佳」，以本案
不討論而罷。次張九如又提本院設醫療室，余乃歸寓，
寫草書為樂。下午復往院會，湊足人數開會，通過仲肇
湘提案。余走博愛路，遇馮簡，坐上伊之三輪車至交通
部前，走至第一女中候三路車。車擠，余乃雇車至永康
街口，送沙丁魚三匣與洪叔言，一人衣絲棉衣橫於臥
塌，及蘭伯歸，久瀉瑟縮，孤清難狀。譚朱浩生三十三
歲致卒，先做麵粉、棉紗經紀人均獲利，次做金子大失

敗。先患外症，次傷寒，最後腦炎而卒，極可惜。次講
朱人德患肺病、割腰子，幸而得入大學為幸。余走麗水
街，入姜次烈家略坐。過顧儉德門首，遇常熟蔣君父女
及陳某。余又入曹佩珩家，乃至雲和街食飯，以豆腐及
炒素為佳。飯後入師範學院聽汪敬熙講生物生理學，生
物學初僅認識生物之構造，後用比較解剖學及懷胎學研
究生物演化。近因物理學進步，原子分析而事事可以實
驗，內容確實了許多，對醫藥及應用上的貢獻甚大。腦
中可以思想、可以聽、可以見、可以觸者，皆有兩部機
構。一碗水渴進，其最後成分須十四天之後乃排洩。余
聽得頗有趣。八時許搭車返，夜月皎潔。

11月10日　雨

　　晨粥時黃廉卿來，囑致書陳舜耕謀農林公司事。黃
去，余至中本為鍾鑑同人取一角利之最後一次。入立院
財政委員會，知在武昌街，入內小坐，聽嚴家淦說明市
糖非糖業公司所有，不能悉依糖業公司牌價，自十一月
起略為調整，取市價各地之最低者，冀息爭執。余至中
本取得息，拉張百成送余第一女中，聽汪敬熙聯合國文
教（分教育、自然科學、社會科學、文化及通信教育五
部）關於科學之推廣，其關於改善人類生活者，謂改良
潮熱地試驗、乾旱（沙漠）地區乃試驗，改良阿穆遜河
竟遭巴西國會反對，供給試驗細菌，設立科學站，巡迴
科學展覽，編訂小學、中學、職校、大學各種實驗室設
備標準目錄，編印科學名詞總目。又分國際科學合作科
學研究，在科學不發達國家設置科學合作機構及通信科

學四小組。1949 聯教組織在倫敦開會訂定聯教憲章，專為世界和平安全而工作，以普及促進人類各項知識之進步為目標。凡所以促全世界科學進步者靡不盡力耗資（每年經費 900 萬，撥國際學術團體廿五萬，工作人員 700 人），不少收效尚鮮。演講畢，余同賀元靖入家園吃豆絲，並不好吃。伊云北投出車站靠左竹瓦末一家，有牛肉麵極佳。余回寓飯，飯後天雨，寒冷。余覆梁慧義、潘壽明、侯雋人、項蓉、華壽嵩書，寫畢已下午五時。走南門陸海空軍總醫院之後俞俊民家，今日周佩華六姐煮粉皮魚頭、紅燒蹄子、干貝黃牙、白筍油豆腐、冬菇油燜油及冬菇柞菜細粉款余一人，伊姪女俞小姐作陪。飯時讀時中檀香山來書：

（一）計去程三十一日上午十時三十分飛機發台北，下午三時十五分至馬尼剌，下午五時馬尼剌起飛，上升一萬七千呎，時速 300 哩，以十一時三十分至關島，次日晨至威克島，十一時半至檀香山。二、檀香山之 Dr. White 在美地位甚高，與時中之師 Dr. Wilson 是老友。三、總領事唐榴及領事周君夫婦陪時中拜訪僑領，游覽名勝。又談雪寶今有兩男兩女，在照片上看雪寶極肥。

（二）戴安國已三易妻，用錢無度，向其妹（趙出，適束）一開口借款云十萬。

（三）戴季陶妻趙悉以款約六十條交子女，委員長離成都，趙已無錢，向委員長請款，委員長給大洋三千元。

（四）程逸，朱家驊原配，先拚李熙謀，次拚黃江□，
　　　令其妹拚熙謀。逸、驊離婚，財產均在逸手，
　　　驊又在太平輪上失箱四十隻。程太太治家不
　　　謹，以二女多友為樂，逸在港病將死。

（五）朱家驊初擬住李萬居房，修理須銀十萬，其妻
　　　夏斗寅妾，出翡翠及其他首飾到醫院求售，未成
　　　功，又恐住房太大招搖，乃住今杭州南路二段
　　　小房。

（六）梁希，字叔禾，雙林人，與柏年甚稔，今為偽林
　　　墾部長，其義女為部中司長。梁病重聽，一切皆
　　　此義女為代表，義女本為周達三媳，與達三子
　　　離婚。梁素不樂仕進，今為部長，出人意表，
　　　共產黨中無自由意旨，此其證。

　　晨白上之（瑜）拉余在武昌街18號別室譚正經話，
曰立法院院長人選，黨員而其身中立，三面不靠，為
總裁所信任，而陳誠肯放心者。人以擬君武，西西亦贊
成，或曰其人不衫不履，名士氣太重乎。瑜曰吾與同事
久，知其正經，能負重，至於衫履，裝扮起來便像。余
謝之曰，此非裝扮時也。自喬一凡說真心擁戴起，史濟
敏亦來問，江蘇人亦有言之者，齒豁皮皺，聞有來請庚
帖作媒，良足羞也。

十一月十日夜寧樓聽雨

昆陽雨戰飛震瓦，地中海浪沒小舟，
我撫驚心縮溫被，濕床漏屋為人憂，
上漏下震天不管，以余清醒令余愁，

開燈與書強晤對，憂愁滿悵何可驅，
枕邊之淚由他流。

　　汪敬熙所講科學促進工作：
（一）每年現改為每二年舉行一次普遍科學討論會，
　　　　一次選題為「食糧與人生」，二次選題為「動手
　　　　與人生」。
（二）組織流動科學展覽，第一次 1949 題目為「原子
　　　　能」、「亞拉伯對科學的貢獻」，第二次 1951 在
　　　　遠東舉行，題目為「人的感覺器官有關生理心
　　　　理上之問題」。
（三）設立科學合作館，計在開羅、印度德立、印尼、
　　　　上海、南美等地設立五個館，及土耳其、馬尼剌
　　　　兩個分館。
（四）本年設立兩個實驗性機構，一是擬在歐洲設立最
　　　　高速計算機工作中心，一個是原子物理研所。

11 月 11 日　雨　星期

　　起身後覺雖有兩日假，無可旅行處，且有紀念會之
應參加，放假等於不假。余擬尋陸孟益，候其起居。至
黃小堂家，孟益正在打麻將，云無錫有來信，情形尚
好。黃家父子婆媳及小甥女均健，適出於西門町。遇錢
中岳，同伊且行且譚平仄。至濟南路，將季通來信交陳
坤懷，季通之物房東不讓人取出，坤懷已去爭執數次。
余等自車站乘三輪歸，中岳在寓便飯，飯後睡。余於睡
後乘車往南昌街第七信用合作社崑曲同期，有人唱訓

子，余請多唱一段。胡惠淵唱江頭金桂，余告伊桂枝香
對句未唱好。張振鵬不識杓斗之標字，余亦聽唱頗用
心，折柳三對句唱時要有段落，則汪君所說也。六時
散，最至公園路吃湯糰四隻，入第一女子聽業餘及廣播
同人莫柴交響曲第三十九，共分四節，王沛綸指揮。又
聽大禹治水清唱劇，與程□□別，乃返。曾虛白請袁倫
仁（前英文虎報編輯，現將赴美），座客有魏景蒙、沈
琦、胡健中、陳訓畬、羅家倫、張九香等，酒後景蒙說
風情以英語，且作表演，余亦參加飲酒，十一時乃散。

　　晨馬國琳、陳天錫來訪，未遇。下午有三人來尋，
祕書長不知誰何，嗣知係劉汝舟等。

　　羅志希講沈君怡講蘇俄以長頸鹿與牛交配放在邊
境，可以立在國內伸頭食鄰國之糧草。一、史太林得一
木乃伊，教人認定是成吉斯而苦無法，有一人取去後覆
命曰得之矣，史問以何法得之，其人曰我以之交祕密警
察局，木乃伊入局即自承為成吉斯汗。二、余前見報上
載邱吉爾、羅斯福、史太林同乘汽車出游，於路一牛擋
車。邱演說，牛不讓。羅又演說，並於袋中出手槍擬
之，牛不讓。最後史下車作耳語，牛疾走遠處。邱、羅
詢以作何語，其效若是。史曰無他，我告以再不走開便
送汝入集體農場。

　　曾虛白講其父所著小說，有其祖逛像姑故事，羅志
希又講丁公館樓上胡展堂、譚組安，亦譚男女間事。

11 月 12 日　陰雨　總理誕辰

　　八時半赴中山堂紀念會，總統主席，講新自阿里山檢查三十四年十一月自北平回南京時日記：還都已兩月有餘，毫無勝利後新氣像，不但不知實行三民主義，不但不以服務為目的，爭權奪利，無所不為，大為民眾詬病，大陸淪陷，國民黨自為之也。今日紀念總理，要效法總理讀書為學及大無畏精神。余於總統演講時開頭只說同志，乃寫一條云「各黨之人皆在場，總統乃並說同仁、同胞，其心所欲說之話不免打一折扣」。禮成，余送洪陸東往周至柔空軍俱樂部奕，余至圓山紀念周，已立讀守則。余至士林，劉、侯皆出，劉嫂作中國女子妝，頗豔。余歸，參加上海工務局同人茶點歡迎沈怡，怡未至。余聽徐琳講香港一廳兩房一走道，可住四、五十人，風化問題及肺病及其他傳染病皆出於其間。中午菜、豆腐及湯均佳。午後暢睡，三時後往鄭家，告今明晚不往餐聚。歐生在，正為今日係結婚一年紀念請客，余謝之。走至西門國校，搭十二路至向秀處，為秀挑水抹牌。至六時，肇岳送余八條通姜超嶽家酒飯，先與徐□□譚禁黑市售煙，嗣與鄭純禮、徐承節飲苦酒五杯。鄭業土木，其伴陳與黃（林森縣人）、沈天（台灣人）皆不飲陪我。鄭妻倪蔚然，無為人，款姜一家甚厚。姜妻周素梅，湖南黔陽人，係毛彥文所介紹，工中西縫紉，與姪女姜水雅縫衣得錢度日。飯菜以蒸柴魚、醋溜魚、紅燒肉為佳。飯後姜君送余往尋陳伯稼、仲經，伯稼因鈕副院長考試院內亦需行五權制，又特任以外又有提任官，不倫不類，伯稼勸阻不住。鈕先生以為

幕僚應聽話，伯稼自承非奴隸幕僚。考試委員又疑伯稼
與鈕先生同住，凡議而有更動者，伯稼之主謀也。其實
鈕先生面軟輕決，伯稼遷與仲經同住亦因此，高位不易
居，納人諫更難。

11月13日　陰

　　晨食粥，吃昨請沈怡之麵包夾肉雞蛋酸瓜。九時至
院，遲半小時始成會。十時上新生報三樓參加陳布雷逝
世三年忌日祭，葉寔之、蔣君章為發，到陳博生、程滄
波、潘公弼、周象賢等百餘人，王亮疇主祭。張羣、吳
鐵城、陳誠、吳忠信、張知本均到，大概國民黨人於喪
悼禮甚周且敬，此亦親愛精誠之一道。會場發回憶錄，
又有大花圈六、七枚，則為浪費矣。余回院坐聽討論院
務改革案，至十一時乃返。陳紫楓與徐中嶽宴請薛伯
陵，上樓來請余作陪。飯後竇子進、鄧鴻業、楊幼炯、
湯如炎等五人上樓飲茶，如炎稱余在常會發言有正義
感。今日在院，陳茹玄又述雷孝實稱余之文才。諸人下
樓，祝祕書兼生來請批牘。下午余未往院會，心中極度
不舒。夜，中央黨部討論黨務工作、員工保險，第七組
請自日本回國之史尚寬、謝徵孚、俞慈民及谷正綱、張
成達、宋□□等夜飯後商議，飯時有羊肉。飯前講日本
注意民生，實行生產目標簡單，效果甚著，二十六年工
業生產為百分之一百作標準，三十五年落至百分之廿
四，至韓戰後恢復極速。飯後開會，眾以保費算保險範
圍，自範圍算危險律，群主緩一步來，俟行政院員工
保險辦理後託辦。余則自幣值日落而言，主張此事可

以不辦，養老及男子之妻生育保險可以不辦。惟谷正綱以為社會保險為政策之一，主張必須辦理，此則包失敗而已。

11 月 14 日　晴

　　晨立法院有決算審查會，余不欲往，正擬出尋方肇岳，走太陽，得香港金秉泉信，以余告以某夜夢狗嚙我手足，秉全乃告大阿姊抵南京後患疾作古，學裘囑暫不奉陳。余聞息之後放聲大哭，嗚呼天乎，竟奪同胞最親愛之人，使余於家事摸不著頭腦，而故鄉各家失一領導人，余滿擬返大陸後與姊久相安處，竟成泡影也耶。余上樓後，劉焦為準備茶湯。余至錦姪處，戒以勿哭，使明孫失驚。余至向秀家留條，告伊遭姊喪。余又至士林告劉大悲、侯佩尹，途遇姚宗海，亦告之。伊邀余午飯，未允。二時至立法院黨部小組委員三題，余寫三項書面意見即返寓。秀武率二方來慰。夜，肇岳又偕王培禮來慰，祝毓來慰，余決明晨請假，致張曉峯書。

11 月 15 日　晴

　　晨王介民、林鼎銘、胡光炳來慰。黃廉卿來告農林公司接洽經過。余出尋王豐穀，告伊有姊喪。至錢石年、王世劻家告伊有姊喪，陳敏則云在大陸精神痛苦，以死為佳。余前日以存摺與王夫人，世劻責其妻，余今日說明全是善意。余走長安橋至京士家，京士嫂方臥。余在袁永錫弟飯，豆腐甚佳。飯後歸，錢探斗來約余往伊家散心。余頭痛，上樓臥。孫仁來，馮葆民、林潤

澤、上官俅來慰。客去，余得小睡，頭痛略已。今生死
傷之痛以姊為最，蓋父母之喪能在側盡心，諸事皆依穎
姊主張，差可無悔。今姊客死南京，自遭清算後心境不
舒，為致命之主因，其死法雖云病故，實際狀況不可
知，真是慘痛。

　　十月二十七日，美國柯里爾雜誌出一「三次大戰俄
帝必亡特輯」，云大戰於 1952 五月十日（星期六）下
午 1.58 分開始，由共黨暗殺狄托，蘇俄正式出兵干涉
南斯拉夫，1954 年九月史達林失蹤，貝利亞專政，俄
帝逐漸解體，戰爭於 1955 年一月正式告終。在這兩年
的血戰中，俄帝先以原子彈轟擊美國，白宮被燬，然後
美國實行大規模原子反擊在地面上。在第一階段，聯軍
且戰且退，目的以局限俄軍攻勢為主，俄軍佔領了歐洲
大陸主要地區，並在阿拉斯加登陸，在第一年聖誕節，
俄軍攻勢達最高峰。第二階段，歷時約十五月，聯軍發
動防禦攻勢，由於確保空權及原子炮彈之應用，阻遏了
紅軍洪水。一九五三年九月，聯軍組織特種空降部隊降
落烏拉爾山區，消滅俄帝原子倉庫。一月以後，聯合國
在美國丹佛 Denver 發表丹佛宣言，宣布作戰目標。到
了 1954 年四月，聯軍便在歐、亞兩洲以優越的三棲部
隊作勝利反攻，歐洲、中東方面紅軍瓦解，西伯利亞和
中國大陸亦陷於大混亂狀態，聯軍勢如破竹。蘇俄各處
的人民自求解放以後，聯軍佔領莫斯科，進行善後復興
救濟工作。此時維新斯基則已逃到土耳其，他願意在審
訊戰犯時出來作證，但聯合國並未審詢戰犯。（薛爾伍
德、鮑爾溫、施華滋、柯森基娜夫人、柯斯特拉諸人

執筆）

　夜，王亮疇六十九歲壽宴，招飲南京西路十二號浦宅，共七桌，飲青酒。余同徐次宸夫婦、賈煜如夫婦、馬超俊、周至柔、端木愷、謝更民太太，謝太太紅花插鬢，紅環貼兩兒，紅脣暢飲酒，紅顏泛酒霞，極豔麗之致。亮疇先生亦極快樂，惜天熱室悶，菜亦味平常，余食桃後即步行歸寓。赴王宴之前在中華書局閱 *Time*，珠寶商一張封面畫極佳。晨中改會不往，張其昀來候，未晤。

11 月 16 日　晴

　晨院會不往，清潔住室。中午吳開先招宴龍門世交同學二桌，二十人坐滿。朱了洲師於浴堂失皮夾，謂係與師母吵架，心緒不寧所致。飯後歸寓，吳瑞生來陪余，得暢睡。四時至戴郛宅，徐向行送余雲和街口，謂徐宗彩將婚，余允送禮，以便添置衣服。在朱鍾祺寓候夏教授來同食，以鹹豆乾、花生為最佳。出，至新生三路十六巷一號，飲周子若招飲狀元樓，菜燒得極佳，盡白蘭地一瓶。郭紫峻、于錫來講吳鑄人落拓寫意狀，以在香港為軍銃同志代打針為最偉大。酒後子若講海關因美援物資一部分徵稅收入超過預算，政費省至百分之四‧五，若收入加增還可縮減，罰款先以百分之五十上稅，二十充告密之人，稅務署原為得分賞之百分之四十，因部中人苦，又分部中人百分之二十，署長月可得三千元。余謂此係小事，美鈔停留於十元三角五分，禁止品忽而甲忽而乙，省政府機構龐大，為經濟財政上

之大事，今無人肯言之。陳介生又惜孫哲生之離開立法院。回寓洗浴後睡。何惠民同妻連毅君來訪，未晤。

11月17日　陰晴

　　晨孟朝楨來候，云梅軼凡與陳鐵皆實心愛惜同志。祝兼生來囑批牘，云今晨討論解除民眾痛苦開會，余不往，派伊列席。痛苦在民生凋敝，無法解也。余至陳堃懷家，小兒已交岳母領，其妻較健。午飯後暢臥。立法院歡迎馬丁，余不往。朱品三來三信，約明日在張百成家飯，余不之答，取消此約。余覆汪養然信，托伊製格子紡褲三條，託焦立雲剪紙樣附去。六時至中心診所取冷碟及新烘麵包及周頌西所贈糭。至秀武家，秀武亦製燉鰲魚、豆湯排骨款余，相與大嚼，諸方樂甚。方肇衡告余，諶忠幹訪余係來慰余遭姊喪。肇岳為余修理羊毛衣。余飯後，雨中即歸，浴後安臥。

11月18日　陰雨

　　晨侯佩尹來，有意譯王妃狂醉錄。嗣譚訓聰來，述離湘是自長沙走出，若在瀏陽便走不出。行時出售金錶鍊，得一百五十萬，付妻二十萬。過深圳為黃魚敲詐，化了三、四十萬。至港而盡，為小報館寫掌故，每千字祇港幣四元。佩尹云在港購麵包皮吃，一元可活兩日。余與佩尹走至五條通七號，稚暉師方睡，新換了台大泌尿醫生，通便後又將宿垢洗出，現覺輕鬆。歸途吃餡兒餅，佩尹乃赴商文立處。余歸，陪慶澤彬夫婦飯，飯後慶太太上樓小坐食柚。余小睡後，至黃小堂家觀陸孟益

等打五十圓進花園,至鄭家觀陸再雲夫婦雇女傭。出,走雨中,黃家已飯,時為下午四時。歸寓,閱大陸雜誌,記數字:

狐臁:內務府檔。

抬褥:內務府檔。

收的也草:內務府檔,收藏得草率也。

綿紬輕:大輕帶,尋常輕帶。

火燵:包袱。

毬毬:黃－－。

拴扮:有－－黃線軟帶。

路寢:為男子之共同寢所。

　　夜晚在寓中,楊錫康來同飯,飯後陸維榮來。九時起聽廣播音樂,九時半至十一時崑曲廣播,胡惠淵亭會道白有進步,唱亦達意,貼湊詞有疏漏處。張振鵬山亭一味用力蠻響,無蒼老氣,詞中好處未全唱出。最後徐穗蘭思凡柔情宛轉,小尼聲口,惟小鑼不尖,板鼓木然,雖有三弦琵琶笙與二和相配,距離太近,樂聲欺唱,而鑼板鑿鑿,令人掃興。今日徐炎之先來關照,余乃諦聽,若在崑曲全盛時期,此三齣僅是起碼,方今雅音淪落,不絕如縷,亦可珍矣。

11 月 19 日　晴

　　晨起身甚早,車來亦早。入中央黨部告楊佛士以遭姊喪,佛士為慘然,伊知穎姊在我家之重要也。又以息告夏敷棠、胡希汾,伊等以失財詳夢不幸不然。紀念周極零落,盛傳總裁有重要指示,得順風訊者先往草山,

劉汝明欲跟余往聽，余有立法委員小組會議，早一刻離部至武昌街十八號第二十九小組，無人到會。余簽名後留意見，云小組長羅霞天辭，請推崔唯吾勉為其難。回部，與續昆山商畢天德案。隨郭鏡秋上草山，竹林霏雨，秋花染霧，路上極美。至實踐學院禮堂，坐者塞滿，一女子制服者讀總裁上月所講中東現勢與英國大選，口齒尚清。總裁舉劉念臺之中立說及鄉愿等說，其意在喚醒教育界之木然，於反共抗俄者、於行政人員，置總裁教育學說不理，極致慨歎。十一時半禮畢，車上加何人豪、郭紫峻。時天放晴，望下坡諸山，濕翠初開，陽明空曠，路轉景移，美不勝收。余曾擬返江南之前請姊先臨島一游，今則願望永絕，可勝哀悌。郭車送余寧園，模糊淚眼，不覺已車停門首。飯時秦啟文為王叔喬加菜，飯後徐向行、宗彩，宗彩將適人，余奉以五百元購衣一襲，不殼。嗣孫仁來，求即有就，幾將泣下。三時向行同出走西門町衡陽路，返台灣戲院觀美軍攻琉璜島影片，極緊張，惜片子斷，余未能終場。即至鄭家飯，始知昨日為朱少屏七十冥壽。飯後歸，江蘇第十五期受訓者集寧園，酒唱聯歡。俞成椿上樓來視余，又與施復昌合留片候余。晨丁治磐來候，未遇。夜，在床閱香港時報，青浦邱梁、孫再壬、吳亮言來講金劍花覺悟不要在棺材上訂子孫釘。又吳開先義子□□□投共，舉發其老父龔仰之。晨楊佛士亦語我沈君陶及子壯聲五月一日在蘇州玄妙館前槍斃事，云壯聲舉發君陶，人云壯聲亦不妥，遂遭駢戮。總裁云，提四維八德足以反攻，磽論也。

11 月 20 日　晴

　　晨院會，龐松舟報告追加預算，聲音欠清晰。嚴晴波補充報告，有女委員張廣仁詢嚴稅賞分成，部長得多少，嚴甚難答，僅云數頗豐裕而未舉數目。十一時在堡壘廳開資格審查會，余被舉召集委員，先推選，到余辭，既而票選，余得七票，與王秉鈞、包華國同當選。余回寓飯，飯後劉孟劬來，謂伊婦產後未休息，子宮下墜，身體日瘦，家用亦不殼，求余為伊婦謀事，余以極難答之。三時車來候余往中央黨部工作會議，國防部黨部提案黨政人員皆中山裝，其人反對西裝革履而不提及長衫，余以公務員物力艱難，公家又無力給物裝費，不贊成通過是案。最後張曉峯述總裁意，中央黨部工作同志受訓而優秀者，勿久留在黨部中，應令其往省黨部或其他單位主管一部分工作，以施展才能。有人謂優秀者不肯放走，薪水中央多於地方，張曉峯作色曰然則一為中央黨部高級工作人員，將擢升往天上去耶。結果商每單位一人或二人。余擬林克中，託兼生往詢同意及請示君佩先生。五時返寓，六時至錦姪處，告知明日有江一平、武誓彭、徐中齊約飯。出，乘九路過第一劇場，車皆裝滿。遇一十五歲之林森縣陳姓青年，謂至台北橋始站可上，偕其走一段，人似長蛇，既登車，至萬華終站擠而下。蓋今日萬華拜拜，此時各處正在萬華作客，故特擁擠。余於鄭家食炒素，步行歸寧，家家一桌或兩桌，酒瓶峙座客肩際，人多醉態，間有相打罵者。

　　何仲簫送來十九年所編陳英士先生紀念全集上下兩冊，余於民國五年五、六月間所送輓詩未見收入，陳家

中人云初喪榮哀錄中有之。劉三輓云：

養士散千金，獨無靈輀；
縣目抉雙目，已壞長城。

　　江蘇省立第二師範學校於先生安葬時輓云：

壹戎衣，天下大定，有援之後，公真健者；
衽金革，死而不厭，北方之強，君子居之。

　　湯濟滄先生評英士曰，先生生平短處二：一、用人
未能悉當；二、自信有時太過。人之賢否，先生未嘗不
明白，而用時輒不甚分別。開府海上時雖材俊如林，而
名譽乃壞於數宵小之手，先生於事後未嘗不悔之，故二
次革命時已多謝絕。比年以來，尤斤斤於用人之良否，
雖故舊亦不少假借，志未展而身已死，至足哀已。至自
信之過，以為至誠可以感人，不知陷落已深者，一時又
何由拔之，故如製造局之衛兵、鴻豐煤礦公司之夥犯，
皆不可化者，不可謂非先生之誤也。
　　與戴天仇赴大連成立奉天革命黨機關部，經營東三
省革命，在民國三年甲寅，英士三十八歲。
　　蔣中正撰陳英士先生癸丑後之革命計畫及事略，云
自肇和失敗乃改變計畫，定五月間先取江陰（年譜說
五年四月十二日，公運動滬海陸軍發難，以海軍背約
未成。蔣云第二艦隊來滬，本已運動成熟，乃為人事
齟齬，以致艦隊司令生疑，不能如期發動，乃改變計

畫），扼長江之咽喉，使長江海軍不能活動，然後再圖
上海。故江陰發動後，決計由吳淞響應，先固要塞再襲
江南製造局，以扼長江門戶。不幸初八日為別方謀攻製
造局不成，引起敵軍特別戒嚴，以致我黨運動之軍隊內
外隔絕，消息不靈，故五月十三日所定計畫率歸無效。
至此經費更竭，又為異己者所扼，而公益勇往冒險籌
款，竟受偵探機關鴻豐公司押礦借款之欺。

　　胡漢民於英士殉國十四周年演說，云陳先生絕對不
受人家包圍，黃克強先生則短於此，於討袁之時請出岑
春萱幫忙，找岑一舉，連宗社黨如鄭孝胥者亦知其不
可。自此以後便有了似革命而非革命的一部分人在本黨
之內，惟英士先生革命，應該自己負起責任，不應利用
官僚。

11 月 21 日　晴

　　晨崔書琴召集幹部分子管理辦法討論會，余主關於
保障撫卹救濟都同於普通黨員，卒多數同意刪去。余主
為幹部分子，雖以在黨內之地位認定，但亦必須得其人
之願為，既為幹部分子，則黨有命令，雖危必履。諸
人聽余舉例云三月十九之役，報名為選鋒則由自身，進
攻督署抑攻北門則聽黨的命令。諸人以為隨志願之說難
行。又討論特種委員會皆是幹部，余意其中有幹部分
子，但不盡然，卒依鄭彥棻說，同於全國省縣大會代
表，僅調查登記而已。余又講湯糰餡為核心，皮為幹
部，外粘芝麻則為搖旗吶喊，在場助勢。諸人聽了發
笑，解此者似不甚多，余以為確是如此。十二時返寓，

孫仁在寓，余因朱鍾祺早晨送豆腐干、花生來，乃同秦
啟文、孫仁飲俞時中留贈之酒，洵佳釀也。孫仁在寓便
飯乃去。余午睡後寫馬存坤處分書，至天黑始完。走三
條通 53 巷一百號應江一平、武誓彭、徐中齊招飲立法
院同仁，共三桌，江君講陳辭修與院中事。飯後余往陸
家小坐，京士夫人往顧祝同家雀聚，京士將於聖誕節左
右經日本歸國。余再至李向采家，秀武將得就，王培禮
已進中信局為雇員，秀、岳、衡送余過馬路雇車返，情
致關切，駸若家人。返寓後浴，浴後閱馬存坤卷，雞啼
始合眼。

11 月 22 日　晴

　　晨走商胡立吳以馬案處分書，立吳嫉惡如仇，評余
婆婆媽媽之甚。次商端木鑄秋，鑄秋雖當塗人，不問此
事，謂司法辯訴上訴，馬可依法進行，並請一純法律不
參政治之律師。至在黨行動，則馬宜深自懺悔，則與
余所見相同。次再商楊佛士，楊先生亦鄙馬甚，謂余寬
大。商三人遍，乃付印。鑄秋新治小房，騰客室客友
人，允將宴余。十時中改會，總裁主席，商明日陳辭修
到立院說明施政方針否，及預算案中國防、外交、經
濟、建設皆請立法院維持，其他項目則任憑討論。又討
論不開會四個月之調查費，每月五百元，共須五十餘萬
元。明年度預算不列黨，對立法委員宜有救濟之法。商
至十二時猶未已，總裁甚至提立法委員延期一年，明年
度下半年列立法院預算，亦是違法，已瀕於兩怒溢惡之
境，民主前途甚可悲也。回寓飯，飯後臥。四時至雷

家，孝實夫婦至嘉義，小文感冒，新來一溫州太太，原有女傭將往臺北醫院開刀。余與七娘娘談喪姊及伊放金於龔太太處化為烏有各節，余飲酒一盃，食皮蛋及豆腐衣包。六時至周佩箴家飲酒、食餛飩，食畢同五兄六姊講張秉三騙顧見深妻毛小姐及遇事生風、虐待二囡各節，食蘋果，八時許乃歸。

11 月 23 日　晴

晨陳誠率政務委員及各部會長到立法院作施政報告及明年度施政方針，余作諧聯云「大官出小省，高位付中材」，夏敷棠詠陳誠云「能辭則辭，得修且修」。陳作浙東語，口齒不甚清。余與敷棠出，就恕園飲香茶。見有人持細珠患成帶形，謂可售與洋人得外匯。茶三開，復入院，陳辭畢，佘凌雲、劉博崑、王寒生質訊有令人難答處，余走歸。下午復往小坐，偷出看張百成，隨伊往明星飲咖啡，食加里餃，遇律師甚多，又見舞女二，其一較亮。五時後帶吳永道司機到雲和街見碧子，余留飯。飯後思入居先生處閒談，以明日十時定開紀律委員會可晤見作罷。

11 月 24 日　晨雨，既而晴

晨李芳華上樓，謂賀君山請接電話，時為余一瞑既滿，子後三時，告余居先生無疾作古。車來迎，余即往，已陳屍書室，云於十一時三十分洗痔瘡後腦溢血，張口坐化。余見面容甚正色，疑其為心藏停頓而卒。余鞠躬，放聲而泣，叔寧謂母氏受不住乃止，為在客室捲

壽屏紅對。四時後極樂殯儀館喪車來候，余同李子寬、
諶忠幹送至殯儀館，屍身入手術室防腐化裝，余等講定
禮堂等事，時為五時許。余入向采寓，秀、岳起身陪
余，至天明食豆漿麵包，乃至殯儀館，于先生已來過，
至八時後，諸親友漸集。十時改造委員會開會，紀律委
員會停開，議由政府治喪，總統下令發表治喪委員。下
午余復至殯儀館。六時至俞俊民寓，同張九香、呂松盛
夫婦飯果，得時中至美國信。八時治喪委員會何應欽仍
主布聯，張岳軍主悉用紙寫，余因體疲，即歸臥。

11月25日　晴

　　晨三時地震，初震余醒，二次震屋搖動殊甚。余呼
邵家堃，家堃蒙被云可不管。余不能即睡，起書輓居覺
生先生聯：

開國至於今，元老平民，輟耕太息滯台京，
指不到齊州九點煙，剪不到吳淞半江水；（先生截取
「翦取吳淞半江水，指點齊州九處煙」為聯，以紀念
吳淞及濰縣革命之役，曾兩次命膺書之）
精誠真不死，醇儒居士，大筆如椽寫文史，
既留得梅川一卷偈，復留得武昌幾首詞。

　　起身後，侯佩尹來商正聯，語到殯儀館支賓。陪鍾
伯毅先生尋姚味辛家，見吳熙載書瘞鶴銘及王闓運書詩
屏各四條皆精。鍾先生云，方今日就簡易輓聯諸作，不
可謂之不佳，但終覺其不盡合式，求能如君作入木三

分，不肯苟焉而已，已不多見。余體新創，似詞似曲，
尚未行通，亦不能滿意。歸寓，同馮如玉、秦啟文、邵
介塈飲洋酒，極醇，俞六姐送來煮蹄案酒。酒後睡極
熟，三時三十分方醒。至合作總庫聽崑曲，遇姚志崇，
志崇贈余南美州贈蝶粉襯底煙碟二隻。六時同王祖庚走
至洪叔言家，食甜鹹二糰。朱人□送余至連雲街一號王
寵惠家飯，有吳禮卿、張默君、馬超俊、謝耿民等。張
其昀送余歸寓，在車上曰王先生勸君裝牙已五次，極具
誠意，君似宜聽從。余唯唯。又問何人合充立法院長，
余曰願充而像樣者，或可充而肯任者，於其中選一人，
於下一會期舉之最妥。

11 月 26 日　晴

　　晨起，寫輓聯於宣紙，送至殯儀館懸之。陳伯稼為
鈕先生作聯，程滄波聯、蕭同茲聯、黃雪村聯、陶希聖
聯均可。賈煜如者冗長不明顯，不算佳構，吳先生者亦
嫌多了三、四字。九時中央黨部紀念周，陳雪屏報告
縣及省之代表大會，不以討論黨務方針為中心，而以選
舉為獨要。其在選舉近水樓臺先得月，有勢力之組織如
特務軍警機關，表現力量與前如出一轍。禮畢，訪楊佛
士，同朱騮先同到殯儀館討論事務。余在禮堂支賓，見
居玟穿白衣而笑，不禁淚下。十一時返寓，飯後睡，至
一時半始往殯儀館。三時大殮，治喪委員五十人均至。
總裁於公祭後獨祭，愁眉苦臉，亦至難過。余於帳房見
楊子奇，羅大固請殯儀館特別便宜。四時歸，六時至鄭
家飯，鄭怡因事不怡，飯後歸。李德元來坐，余購英文

書二冊，焦立雲為余洗帳，自到寧園未洗過。午間夏君來，告蘇松太同鄉會移紅樓舉行，余電話吳亮言，請其約李松泉三十日下午到紅樓表演魔術。韓叔和為穎姐念往生咒一千遍，今日為居先生靈旁念經後語余，足感殷意。

11 月 27 日　晴

晨整理桌櫃，三日來因居先生之喪，書桌雜亂，積塵甚厚。九時院會，陳誠報告明年度施政方針，宣讀後再加說明。十時半張壽賢來候，同往三六九食經濟紅兩鮮。樓上管堂常州人諸燦富語我，有一日警察局來囑送飯，因事略遲，便來四個警察將諸痛打致傷，上司來問，不敢深究，嘿爾而罷。又在統一發票之前，繳稅公一份私一份，近無此弊。壽賢又說保安司令部民眾服務毛君頗愛民，擬介紹與余晤面。十一時至飛機場迎丁鼎丞先生自日本回，迎接者極多，先生體增健。十一時半回寓，飯後略臥。三時工作會議，討論明年度預算，我說總以緊鞋上大腳，向來推數人講百分比，余謂之鞋拔子。五時至居夫人處，與伯強譚伯齊在比國羅文大學學費，賴南京租出板井住宅所得外匯，明年將罄，此外則叔寧求學及居夫人瞻養金。居夫人謂喪事蒙黨與政府如此隆重，並頗節省，余甚滿意，想居先生以節儉愛國為第一義，當亦滿意，今後總統照平時過節送錢，余與幼女樽節，想亦夠用。余出與壽賢商，無妥善之法。在泰順街購烘山芋食之。入于先生寓，客室已擴充，謂地震時不及日本房安全，又講居先生公祭宜搭棚於通衢廣

場，以便民眾參加。又謂監察院撫卹金及多領數月薪水
給家屬。又謂監察院敬六十歲以上老人，覺首座，計
十三人，舊國會議員宴覺老，黨最長，又十三人，十三
數洵不詳之甚。歸鄭宅飯，鄭怡仍不怡，知為添衣著家
中力不能之故，余各方勸解之。歸寓稍休，即赴中央黨
部參加治喪委員會，定二日在台大法科公祭，下午由殯
儀館逕至火葬場，不游街。辭修囑余刪改為居先生請卹
文，余同黃伯度、羅志希、陶希聖為節去黨差各節。原
稿為但燾先生稿，知事頗多。治喪會又命志希與余編特
刊，余拉許帥慎為之。今日居夫人付中央日報以許崇智
唁電，措詞平常。入晚，壽賢語余，許列第三方面，以
不發表為佳，余亦同意。

君武先生：

　　今承劉克寰先生交下美金七十元（按當日市價折收
港幣四百八十二元）照收無訛，所囑匯往寧府亦已遵命
辦理（仍由許鍾權收轉顧英）。查先生前託侯佩尹先生
憑條取去港幣伍拾元，因晚需用關係，已在此次來款
中扣除，故實際匯出數目為港幣肆佰參拾貳元。敬請台
洽，勿念為荷。

　　耑上，敬祝
　　康健！

　　　　　　　　　　晚　孟尚錦手上　十月十五日

11 月 28 日　晴

　　晨立法院黨員大會，持黨證往。九時半尚不足二百人，距半數 245 尚遠，江一平主席改開譚話會，目的在：（一）四十一年度預算，軍事、外交、生產建設者不應有所變更，政費部分斟酌；（二）本年度追加預算，本事實與法律兼顧之原則下通過；（三）院長下期選舉。余與林慎同車，至省黨部行禮，何應欽監誓，余監交，余略述印信及工作成績交代之重要。禮畢攝影，余蓋印於移交冊，檢查現金，惟經管房屋冊、各縣市房屋冊、傢具帳目各冊未蓋印，陪余者為鹽城夏咸腴，同余再擬派胡光炳、馮葆民去點查。十一時半探朱育參及樓桐蓀夫人後即回。飯時同黃叔喬、秦啟文盡清酒一瓶，叔喬檢討行政作風油印意見書有云「無能之誤國殃民甚於貪汙，近來社會心理注意貪汙而忽視無能，似是偏重個人之操守而忽視機關之功能」，其著眼甚正。下午臥，吳瑞生來坐，錢探斗來借暫移款。孔德成於將返台中前來視余，同伊乘十號車至士林，下車後稻田黃熟，青山秋樹則為綠色，大悲所畜來亢雞則純白，禮堂近處之聖誕樹則紅頁，高低一望無涯。陳子仁贈石斛一朵，大悲陪玩多時，乃同佩尹同陪達生至渝園食煙薰鴨及肥腸。遇楊森，伊亦苦無坐處，人擠菜，得不償失。酒畢，余返錦姪處飯，飯後耀送余延平北路。余至中華書局取陳太太所贈糉，同姚志崇、伍去非、吳亮言、孫再壬談笑一回乃返。今晨省黨部遇工人張華水，片上刻國民政府行政院褒獎「忠愛國家」，雪屏云張任基隆市碼頭職業工會常務理事，黨政機關遷台時頗得其力。

辛卯十一月孔德成敬題

11 月 29 日　晴

晨起身已遲，黃廉卿來，謂農林公司事求余再向陳舜耕言之。黃去朱鍾祺來，請余作書。徐柏園云黃豆結匯證批准不及十之一，榨油業與進出口商等量齊觀，不甚合理，榨油業無豆則不能開工，余然之。十時出席中改會，總裁主席。袁企支、張曉峰皆報告調解無效，已開青年黨全代會，代表九十餘，產生中委一百餘人之經過。最後總裁指示三點：（一）請李璜、左舜生到台灣來；（二）莫德惠、王雲五、徐傅霖仍可調解，但不必太免強；（三）我們所承認之青年黨為舊日之青年黨，王師曾等任官是舊帳，不必更動。此問題譚兩點鐘，已十二點。總裁又指示伊所言及有時不免激昂，雖不能期一唱百和，然亦何至於毫無響應。如教育問題請設計委員會切實研究，又可徵集教育界意見：一、幹部人才之選拔考驗，二、公營事業中管理人事者及高級人員中有共產黨在內。我們應去發現共產黨，祇聯合而不顯組織，投人所好以求取容。余於高級班學員自傳中發現宗教信仰，以余信基督教，其人亦胡亂恭維基督，細察之則共產黨也。希聖語余曰，公營事業高級間諜小組檢舉不出來，此種人為部分主管，如加入小組即為小組之指

導人，如不加入，黨對他無辦法，此等人在城內有配給的大房子，在北投有別墅宴客，聚談以怠工紊亂生產政策，鼓勵腐化為工作，看似官僚實為共匪，余當注意及之。一時差十分散會，余作聯語曰「說話到中午加料，餓便陪太子念書」。余至張道藩家飯，書「回憶是最戲刺激之酒菜，離別乃是無尾的悲劇」於蔣碧微紀念冊中。飯時吃盡炒蛋。飯後歸取件，三時至黨部開紀律委員會，五時畢。至雷家晤孝實、望之。至張知本家小坐，嘆息居先生之逝世。在雷家飯後歸，思入台灣戲園觀豔曲凡心，不得票未成。

在中改會時陶希聖坐右側，曰「讀書養心，開會養氣」。余令對座羅志希作下聯未就。秦孝儀書阿里山絕句四首（一）始上、（二）神木、（三）姊妹潭、（四）雲海有「一髮中原激肺肝」句，志希書羅昭諫「一年一度錦江游」，余乃憶舊寫錦江游絕句云：

此生一度錦江游，激浪橋門盪小舟，
釀酒跳蝦高閣上，不吟不醉也風流。

謝冠生與余對坐第二會議室，見港報載熊式輝一度被捕，一萬元現金保出，乃云熊為賴星輝之部下，為淞滬司令時，以江南晚報反對總司令，思作翦除異己工作以增強關係。十八年於冬至雪夜騙蔣百里騙居正至豐林橋，鐐栲入龍華，蔣以其為餌賣友，不肯離開。熊當晚電南京總司令，以夜長夢多即日解決為請。時因風大，電話不明，南京答云「聽不清，再說、再說」，至日後

文書至，則已考慮清楚不能殺人。居正羈龍華一年後，
移入三元巷，至後與胡漢民並釋。居先生甚感總司令不
殺之恩，然使當夜無風為之障礙，則熊巧言惑主，或致
不測，危乎殆哉。（先生偈云「假如婕好姓非馮，敢信
當門可制熊」，先生卒後熊天翼在香港被扣，靈為之
耶？抑報施不爽耶？）

11 月 30 日　晴，下午雨

　　起身後即赴省黨部參與航業海員黨部代表大會開幕
典禮，坐白健生旁，相與說笑。九時全中本換存摺，月
利自明日起一角改成六分。中監會同人津助之款，余思
得稍高之利，託胡希汾設法無著，只得仍放中本。出，
到立法院簽名，五百元調查費既經總裁與張祕書長允設
法矣，而同人兀是不信，主張預算由行政院取回重編者
有其人。陳誠今日不到院備質訊，來函云因事請假，而
提憲法規定云不得請假者有其人。余與杜光塤譚，殊無
法插嘴，來勸余與張其昀講，再請袁企止疏解。中央黨
部第一會議廳治喪幹事會，余改文三篇。總裁室幹部分
子管理審查，余坐聽幾時，略發表整理文字之意見。
十一時散會，隨羅志希入衡陽街剃頭，閱新出版的張溥
泉全集，雖不精湛而黨氣甚重，以暴徒而好接近學術，
如是足傳示後人矣。午時回寓飯，黃叔喬添菜，余出
酒，又至台北賓館食海員飯。飯後略臥，即赴紅樓蘇松
太茶會，到六、七十人，臨窗者亮，惟地板頗不潔，而
樓下為菜場，氣味不潔。馮君策講上天之路自異溫層過
同溫層，上 F-23，游月宮，訪太陽黑子，以至游北極

星，將來或開太陽系同鄉會。李松泉演魔術，猜牌出神入化，年已六十六，眾人皆樂。五時散，余送孫仁歸連雲街四十一號竹籬內。入居先生家勸慰。在朱鍾祺處飯，今日張舒不歸，而豐穀病胃擴張，飯菜雖多豆腐等菜，而人少意思不聚。余送沈階升返三條通，乃回寓。

得通知，中改 248 次會議推羅家倫、陶希聖及余為居正遺著整理委員，志希為主任。

12 月 1 日　晴，下午陰飄雨

晨食蘿蔔絲及棗泥餅，攜四隻與唐文和食之。入立法院領十二月薪，祝毓攜卷來批。入閩廣監察使署交劉象山等輓聯。入鐵路局禮堂參與代表大會，呆坐至禮成攝影，歸寓休息。中飯有干貝湯，菠菜極鮮。飯後臥，臥起至中華書局小坐。至向秀寓，同之及岳、衡至貴陽街二段中信局新修禮堂參觀。出，復參觀青年會、龍山寺，並訪鄭味經。歸時搭車，遇鄧翔宇、馬曉軍。至向秀家飯，以拌菠菜及豆腐燒鱔尾為佳。飯後打麻將者來，余攜在大正町所購日本茶盃歸寓。譚訓聰及劉兼丞（墨夫）來譚，朱世楷來說將婚，擬在新竹修理房子，先贈伊五百元。

12 月 2 日　晴　星期

晨粥有銀絲捲，周亞陶來，亦令嘗之。八時至徐州路臺大法科公祭居覺生先生。李君語我居夫人靈前輓居先生一聯，上下第一句係李翊民照居夫人意寫下，其二、三兩句則余所接承，聯云：

數十年辛苦隨君，開國安民，誰分知有今日；
無一語叮嚀屬我，罄身證道，寧期再結來生。

此聯哽咽得恰好，說好者較多（錢十嚴丈云此聯超乎象外，得其圜中）。余聯請陳惕軒、張維翰等閱之，亦說對得特別。余參加公祭招呼來賓，十一時乃返。午時施振華來飯，秦啟文亦有兩客，盡青酒兩瓶。飯後

臥，臥起至殯儀館送居先生柩至火葬場，不禁淚落。火
葬場規模平常，送者極眾。禮畢回寓，待客不至。夜，
俞飛鵬請在台北賓館飯，余於六時往，知航業海員代表
大會尚未散會，先余到者張明亦不耐等。余至徐香英家
飯，遇李欣遠及其妻紹興陳氏，李任軍需監，為國防部
第四廳第七組長，以餃子來，香伯煎以餉余。丹山受交
通部訓練，今日不在家。

今日鐵路黨部選舉，章鶴年得四十票，當選第六名
委員，黃叔喬語余章頗平實，眾論翕然。

12月3日　晴

晨參加聯合紀念周，蔣孟鄰先生報告農復會工作情
形，郭澄邀余往圓山紀念周，余未往。出，至中本料理
存款事，自本日起改為六分。下午毛震球之弟及其友
來，舉發工廠主管人員盜賣公物事，工廠製造陶磁，余
勸慰之。次馮夫人林同釵來，求介紹為小學校長。余因
天晴出游善導寺，又至趙耀東家訪郎醒石夫人，郎瑛懷
孕，明年正月將產。伊幼弟妹皆在北平，弟月得六十餘
萬，瑛謂係薪給制，公望月得八千人民幣，零用者係供
給制。余託打聽滄、溟、渤消息。出，訪王子弦，約星
期日如天雨往飯。歸鄭家飯，朱歐生來候鄭皓歸基隆，
皓已住娘家四十餘日。飯後攜怡至鐵路局禮堂觀話劇天
涯若比鄰，頗發笑。又有廣東音樂，拉二和者精神最貫
注，技最佳。劇中角色以老生為佳。林在明來候怡歸，
余歸寓洗浴乃睡。

晨章鶴年來告當選，下午戴問梅來告不當選，認選

舉如是作風，黨國無望而流涕，頻以灰大呢衫襟拭淚，
余兩慰之。

　　前得香港汪養然書，余託做格子紡褲三條附去褲
樣，茲得覆遵囑照辦，設法帶台，並云最近香港商場十
分清淡，物價均跌。

12月4日　陰，飄雨

　　晨得紐約俞時中書，伊十一月二十二日自檀香山抵
紐約，昌、期、大為在機場接候，張靜江夫人新居在
New Rochelle，離紐約中心約三十里，是純粹住宅區，
頗為清靜。入城需一小時，房屋不大，但已夠全家之
用。現乃昌在工廠作研究工作，乃理在 Denver 大學中
任職，均能自給。乃恒在家侍母，乃琛（龍龍）已大學
四年級，明春可畢業，乃恂（大咪）已大學二年級，乃
榮（榮榮）則在大學一年級。家岳母終日吃素唸佛，家
中甚節儉，諸弟妹亦知節省，尚可度日，銘感老伯（指
余）關注，特囑余深致謝忱。時中須參加明年一月芝加
哥之美國骨科學會年會，未提回國與否。

　　住居張家市之楊子奇來謀事，云黃寰清（儒生）表
叔仍在蘇二女師附小任教員，鄭子駿已遭清算，房屋充
公，景況甚苦。王錦裳健在，無贍養之者，傅雪初表弟
遷入常熟城內居住。

　　凌繩武來，為其弟凌銘已在台航公司屏東輪，輪將
行駛新加坡，銘亦得大副指教，乃因就業訓練，又改分
發水產分公司試用，求仍在台航。余為致書黃子壽及吳
國楨。

九時二十分至院會，聽郭登鰲、丘漢平、霍占一質詢。郭訊行政院省凍結及變更法律處，行政院對法之意見為何。丘訊幣制及外匯等，頗中肯。霍天津人，說得廣泛，聲調若說相聲者，全場鼓掌。鼓掌以內容得者不及以聲調得者，有內容者宜注意聲調，聲容並茂，民主戰士之新要件。

飯時有鯽魚、蘿蔔絲湯。飯後十嚴丈來坐，伊昨日生辰。

三時工作會議，志希報告開國名人象已印成，總理書札擬省聯俄用共各信。余在張曉峯處取張溥泉集回寓閱，其巴黎游記法文排印多誤。在鄭家飯，飯後陳雪屏召集省市職業黨部整肅案，決定開除黨籍者僅十餘人，芮晉云似沙裡淘金。九時半散會，余至中華書局晤姚志崇、吳亮言，即返寓睡。

12月5日　晴，特寒

黃叔喬將歸花蓮，秦啟文借與絨線衣，中午送伊出寓，黃乘飛機歸去。上午九時幹部分子會議，余央崔書琴購民新蛋糕及西點，毫無美味，十一時散會。下午二時中央日報監察人會，馬星野贈第三次世界大戰設真一冊，王豐穀因事未到會。會畢，余往自由中國勞工同盟取到金秉全入臺證，在同盟辦公室寫信，吳瑞生隨來填住址後發出。五時坐到錦姪處飯，有百葉絲、燒蘿蔔，耀甥送余至第一劇場方別，則寓公路上舊人言朱愷儔被捕歸，電知顧健德，愷老不知是否因國民大會代表而被捕，思之慘然。

12月6日　晴

　　八時前錢石年丈來，余尚未起身。起身飲茶後，同至三六九早點，湯包及燜肉伊皆讚美。九時入立法院審查預算。余與史濟敏索梅川譜偈，伊將返香港，伊初來時攜覺翁最愛吃之洋桃兩筐，被浩然沒入，伊頗快快。記余隨覺翁至堅如中學，覺翁教余食洋桃也。鈴響開會，而余至中央黨部，入文物供應社第四組及許君武室認人。十時中改會，因總裁今晨須閱操而停開。歸寓，得陸孟益轉來范祖淹致伊書（十一月三十日），云昨日有友人來，述及崑山某地土（大概序初）身穿短褲，鎖在籠內游街，再在廣場上被農民鬥爭，由眾人用火油圍燒，滿身焦爛，刑罰之慘，駭人聽聞。余覆范祖淹書，問伊可能赴美否。十一時鍾伯毅先生來，讀余七絕七律七古五言時詩，云有內容而寫性靜，極為歡欣。下午臥，孫仁來告其夫經營電影，漸有入息。既而施正楷夫人偕徐向行來，向行囑寫件。陸望之來，云八日有一機會考試，囑項蓉來台。諸人既去，余整理書桌，頗累。今日頗有意寫女婆哀詞數十首，以不朽吾穎姊。居浩然來謝孝。六時赴中央黨部出席張明發起之二副聚餐，惟徐柏園、洪蘭友未至。余年五十七為最長，任覺吾五十六，李樸生五十五，王星舟五十，張壽賢四十七，陳漢平四十五，蔣君章四十五，徐晴嵐四十三，張明四十三，郭驥四十一，李士英四十一，鄧傳楷四十二，梁永章四十，共十四人，蘇人四，占最多。食中央自己廚房菜，尚有味，火鍋最佳。飯後約二月舉行一次吃飯外，亦得旅行，下次照相。余返寓後，閱港報乃睡。

　　楊子奇（今名南村）來囑作介紹，介紹入龍巖糖廠為臨時工人。伊民國三年至六年在璜涇第一國民學校教書，伊是黃瑞書引薦，坍房時伊在校，伊云黃瑞書今落籍溫州大士門十八號。南村又云張市人有逃至璜涇鄉下者，王義莊之管租唐忠字若愚逃到璜涇。

12月7日　晴

　　晨赴院會，預算委員會提出因十二月十日四十一年度預算不及通過，有趕辦及假預算兩說待決。江一平謂預算法三十八條係指審議開始後之內容，如有一部分預算未經通過，致總預算全案不能依期限完成時，始編假預算。成蓬一亦作如是說明，並謂三天之內趕假預算亦來不及，結果議決總預算未通過前，立法院得作適當處理，政府仍依四十年度預算執行，俟四十一年度預算通過後照案執行。其實預算委員會可以如此議決，徒費時光，且報告中不將三十八條用意揭出，未為盡職。余十一時返，在寓略進食後，赴新蓬萊出席舊雨新集，趙琛、林彬、程滄波、黃俊皆來，共三席，黃國書請客。有女侍名麗娟，姿首不惡，態度尚佳，頻以酒灌人，人亦灌之，結果雙頰紅雲，頹然不支。又有名黛玉者，肥碩方正，病眼不能侍飲，供勞力而已。王嬉圃亦回顧麗娟。飯後余食木瓜甚美，余自四樓下眺西門町，男女往來成隊，極為有趣。余攜去年來喜照相供眾覽，議下次多約數人再照相。二時返寓，三時中改開會，以李宗仁在美國為毛邦初案，謂毛由伊依法任命，伊仍舊是代總統，指台灣國民政府是非法，並誣衊元首，謂余終必以

武力奪取政權。中改議開除李之黨籍,並由國法方面作
適當處置。六時余謁王亮疇先生,先生謂凡所行動宜在
美國地方法院判決之後,又謁李君佩,云黨應有表示。
入朱鍾祺家飯,陳澍德贈威士忌兩瓶。歸中改,在圖書
館西餐,因于先生艱於上樓。諸評議員發表意見,李君
佩亦到。九時紀律委員會開會,永遠開除李宗仁黨籍。
李並未歸隊,宜在整肅之列,除其籍亦合,因整肅案尚
未公布,故李於去年三月二日蔣總統復職時,云伊已升
任了正式總統,指蔣先生復職為「民主歷史上最違憲之
行為」。後又曾發表譚話,自稱在大陸上擁有若干游擊
隊,伊是中國惟一反共有力領袖,人皆不理之。此次又
大失態,港報評為貪位怙權之鄉下人,真是國家之恥。
夜十一時,向中改報告畢乃返,老頭已等門。余上樓,
樓下隨即熄燈。

12 月 8 日　晴

　　晨項蓉自車站來,雷太太介伊投考農復會,不知何
種性質,至下午余往雷家,見題目方知是經濟統計理論
題,蓉未準備,恐無希望。蓉陪余至陸海空君醫院後俞
家小坐,於結婚怕人負他,於高雄教書又怕新竹新房
空起,一些酸心,兩淚盈睫,真女兒態。上午十一時半
為陸長鑑作保,赴立法院蓋院印。飯後小睡。二時半赴
監察院,與許師慎商居先生喪事結束,及居夫人住屋生
活費,及居先生遺著搜集問題。三時至中央黨部出席中
改,通過執行馬存坤等處分案,既通過,余走告劉啟
瑞,遇李應生、劉□□。別後至雷家晤項蓉、吃西瓜,

此處西瓜生者心，與吾鄉西瓜心先熟者不同。六時至張
九香家飯，極嫌豐富，九香夫人謂自正月說起加些利
錢。菜為清湯鴨，有菜心及火腿一塊，余請切而分之。
加里雞余食一塊，紅燒魚頭九香愛加豆腐，而夫人愛粉
皮，結果是豆腐，余吃得多，九香快意。紅燒豬肚余咬
不碎，衹食一塊，此外素菜燒豆莢、醬黃瓜、豆豉等，
余皆愛食。飲黃酒，止俞俊民陪余。飯粥之後食西瓜，
前述台灣西瓜心後熟，久香所發現也。九香夫人又言莫
干山吃人送黃郛西瓜事，又言當日靜江傳印光法師所云
大難臨頭，恐指此番共匪擾亂天下。歸途，俞俊民發現
周亞陶司機不慎，余亦覺其駕破車而逼近別車始讓路，
萬一不靈而相撞也，終以少坐為佳。九時歸浴，浴後始
睡。在中央開會前閱史記黥布傳，在枕上閱羅志希贈新
人生觀及石遺室詩話。

　　王師曾、夏濤聲於上月召開青年黨全代會，茲中央
主席團又發傳單，言其非法亂派代表，夫妻父子拉來充
數。左舜生等六十九人謂其妄作決議，淆亂聽聞，不予
承認。傳單中有云民國十二年十二月二日該黨成立於巴
黎郊外玫瑰集，舉行結黨式。又云林可璣、劉靜遠抗戰
期間在淪陷區內曾經通敵，王嵐僧在宜興縣長任內因貪
汙撤職查辦，案懸未結。

12月9日　晴

　　晨散中央日報賞號與工友，命黃振興曝被、焦立雲
洗被單及枕衣。九時項蓉來，同坐園樹濃處，當陽極
適。出，至鄭明及錦姪處與蓉相認，明圍袜胸煮菜。錦

處於陋巷挑擔夫縱橫處煮飯，養一嬰，未嘗有傭僕，蓉謂足增加其耐苦處世之準備。自迪化街走淡水河畔，上望臺北橋，對河諸山在薄霧青靄間。歸寧園，同秦啟文、邵介堃飯，蓉略飲即紅暈上笑渦，飯後乃返雷家。余午睡後至崑曲同期處聽夜奔、絮閣、打子諸曲，食餛飩。六時同孫再壬至長春路九十號陳謨（嘉猷）家，今日係陳夫人治菜餉客，提前祝壽。孫伯顏、莊前鼎、凌同甫、晏篤周夫婦、姚志崇、邱梁、孫再壬等，惟戴軼羣未到，菜以炒三冬、蝦餅、紅燒羊肉、蓑衣肉圓、蟹粉魚肚為佳，實嫌太多。席散，凌同甫及大人到寧樓小坐，愛樹窗清雅。余在長春路時訪姚琮，不在家。遇楊子惠於路上。歸寓，錢中岳來譚。晨黎子通及夫人來玩，託余尋房舍。

12 月 10 日　晴

晨到中改第二組與谷正綱譚全代會事，伊主中央委員應出席，各省市應有代表，與余同。嗣紀念周，谷報告第二組工作，可謂盡心。散會，余出席立法院審查四一預算第三組，稍聽即偕唐文和歸寓。伊受訓列候補，囑余設法提前。唐君去後，鍾伯毅先生來囑題今年三月三日台北賓館修禊圖，溥心畬、陳含光、彭醇士、陳定山有四圖，以陳定山有思致並象台灣景致。鍾先生約余星期六十時往木柵游指南宮後飯。鍾去余飯，飯後臥。四時參加楊明暉五十三歲嫁六十二歲之錢召如，皆佛弟子，余作來賓演說。鄰座有粲者詢誰為狄膺先生，云與書三極熟。及余問伊住址，則云寄居親戚家，余不

便再問，究不知誰何也。茶點後，余送陸再雲及夫人至東園路鄉間，係電台疏散屋。歸鄭味經處飯，朱歐生在岳家，有線粉、蛋餃，鄭明加班，下女辭工，鄭嫂殊累。余明日放伊假一次，擬不往夜飯。飯後至雷孝實家，楊子奇事伊已關照人事室接洽，照例經協理不介紹屬廠員工，後當注意。是時夜色清和，月明照南門一帶空曠，余挈項蓉走博愛、衡陽路入紅樓聽書，遇郵電人員與孔凡均同事者趙□□等，□君為付茶資。說相聲及滑稽者講結婚，且讀英文胡言亂語，項蓉大笑。十時坐三輪車送項蓉回，軟輪走平路，明月照車影，頗有意趣。歸寓浴，浴後疑窗外風雨，不易入睡。

12月11日　晨雨

起身後侯佩尹款門，來商寫稿得酬付房飯錢等事。祝毓來囑批稿。同佩尹謁吳稚暉先生，值伊初入睡，余躡足往帳前視之，師面色尚好。同居者問萬一夜間健康有變，則余之電話為何，醫生是否即臨。馬太太前日曾為送鬼祟，而亦曾進老人不宜食之品，致老人腹瀉。出，入立法院院會，因糖稅、鹽工及兵役法，有人提改變議事日程，費時頗多。黃國書主席，時有人責難。余聞有人來訪，同周大中在餐室晤何容、孫德中，商十七日校慶籌備，旋歸寓飯。飯後孔凡均率妻虞麗芳來，已考取美援留學，列第一，上次中國人主考，曾錄為候補第一，此次係外國人主考，六個月後赴美。錢石嚴丈亦來樓上，遇見孔夫婦。周寶寶率其姑呂佩文來訪，佩文與松盛孿生，松盛早出世一小時，父為教授，早卒，祖

曾任山東知府，兄妹皆不能舉其名。二時半余至中央黨部，三時中改議預算百分比，虞克裕報告清楚，萬耀煌詢問余報告者誰也。五時至紹興南路沈家晤君陶，幼子失業者及其姪在裝甲兵團者，言外國人言軍容者：（一）服裝、（二）給養、（三）待遇，與我國人空言士氣者不同。六時許沈善琪回，得晤後即到寶寶家飯，佩文煮蔥燒豆腐甚美，又自香港帶來 Maggi 醬油頗鮮。寶寶談六伯伯行徑，謂曾乾沒老二存款千元，於時中娶時取世安已許借給毛慶祥之房間傢具，慶祥不歡。俞家上海住屋本與雪寶合頂，迨屋價上漲，則即還雪寶所有而為獨占。此外世和微時則毀世和，介茂未富則毀家茂，世安未招待伊住則毀世安，妻俊民不敢問，則其利己必與七兄君梅大致相似耳。南潯人相侵蝕，大概如是，家庭不和、社會乾燥無味悉由此，柏年先生洵傑出也。八時經陳坤懷寓，一視即返。樓下奕場且有飲宴，余早睡。

在中改會場徐晴嵐處有流求那霸人蔡璋，係琉球內向派中人，著論云日本，他要銷滅或偽造殖民地的歷史，他在琉球一面否認了隋唐的天孫氏時代的流求，一面偽造了宋代的琉球武家子舜天王為日本武家源朝之子證據，又利用有一時期中國說台灣便是琉球的證據。

12 月 12 日　雨

晨到車站為項蓉購臥車票。參加立法院第三組審查會，四行兩局說明之人，如李炳瑗、趙葆全、賀其燊等俱在，鄰聲囂雜，如在茶館中。余十一時返寓，午飯後

睡。下午二時北大同學會籌備校慶，余三時後離，徐芳送余返寓。劉雲本云有老太太來尋余，已往醫院，不知何人。五時後至錦姪處飯，飯後即回寓參加秦啟文飯局，余出青酒二瓶、威士忌兩瓶，同楊君夫婦較量。酒後項蓉來，朱世楷亦來，送往車站。余歸浴，浴後以浴巾裹在衣服中，上樓忘記取出，蓋已入醉態。臥後起身數次，為改辛卯春禊集台北賓館分韻得少字詩。

12月13日　晴

晨李翊民來，明日奉居先生骨灰安放善導寺，同擬一新聞稿，請張壽賢發之。余至龍峒孔廟尋成惕軒、陳伯稼，考試院已遷木柵，余不之知。余以詩稿商佛士、敷章、志希等。十時中改討論勸募特別捐隊長人選及陽明山十四期留院研究員所研究由第八區黨部所提出之改造風氣要領，及王健民所擬建立行政新作風辦法。說新均是老話，項目雖要，事實無表現，等於一樣未做。十一時三刻余返寓，飯時有凍蹄，飯後臥。曹佩珩來約明晚夜飯，談久之始去。余今日因昨多飲而頭暈，年歲將終，宜知節飲。得金秉全信，已得入境證，仍候王國棟寄錢方能來台。余將金君來信寄國棟。夜至樓桐孫家見其長子。六時謝壽康之友比人雷震遠來台北，Rev. Raymond J. de Jaegher，原在冀中來教，新自美國來，為 The Catholic Digest 之特派員。謝建華以彭廚菜招宴於館前路四十九號臺灣產物保險公司，周由端、穆超、張道藩、蔣碧微、胡健中、朱家驊作陪，江一平先去，程天放後至。雷著 The Enemy Within 將目睹之共產黨情

形寫出，下月出版，當可風行一時。八時入台北賓館，一部分評議員、五院長及祕書長聽葉公超報告，十一月十六日甘介侯曾往李宗仁住宅，十二月一日李致杜魯門及國務院說帖，稱代總統說毛向案。王亮疇、谷正綱、洪蘭友皆貢獻意見，洪詞畢已十時。因君佩先生在坐，余先歸寓，閱三國志關雲長敗走麥城，不感趣味，昏昏睡去。

　　辛卯上巳禊集台北賓館分韻得少字，自南社至是，余怕拘韻且不樂角藝，徒飲啖不繳卷以為常，顧鍾、張兩先生屢來催促。歲將盡，鍾老抱圖詠冊子屬題，無可逃懶，勉湊三十韻追記其事。

修禊何處宜，躊躇夫人邵，
余言賓館佳，折簡吟朋召，
鍾叟攜果餅，於眾獨顢頇，
名園藏廣廈，亭與樓爭峭，
精舍繡幔分，幽窗綠陰繞，
以文會同心，琬琰還相照，
各雖懷百憂，良晤都含笑，
余略坐矜持，躡梯登樓眺，
驚動桌椅塵，踏破氍毹曜，
空宇陳設侈，闃寂如枯廟，
流亡者露宿，知此寧無誚，
下階臨澄汀，噴泉若庭燎，
所見足感慨，入林尋奧窔，
油杉繚短柱，刊銜示崇要，

國儲今降皇，手植在山徼，
閣臣久邇宮，初降拜明詔，
又有韓李王，虛君非同調，
諸樹自興衰，敵國不相弔，
余亦痛淪胥，播遷越海嶠，
日夜望中興，涕淚隨長嘯，
何日國隆昌，萬事難逆料，
詩人吐忠愛，惜袚意相肖，
憤欲執干戈，暇或事漁釣，
圖詩合一卷，聊以觀眾妙，
神逸畫能兼，點題均得竅，
氣類真不孤，各有篇章耀，
東西南北人，渙汗大呼叫，
中華古文明，豈可自我掉，
輸丹復努力，匡救宜得療，
堪以繼永和，幽情暢逸少。

12月14日　晴

上午院會討論兵役法，余坐至十一時返。余會前曾至殯儀館送居先生骨灰安供善導寺，又入省黨部參加邵翼如殉國十五周年紀念，見周學藩棄子為萬耀煌坐七律兩首，頗有議論。錢探斗之孀姊適嘉定黃氏者，來商女之未婚夫兼職事，下午孔凡均夫婦來，余託留意機會。下午朱佩蘭來，飲以酒。四時半至善導寺，居夫人已返，余送吳國楨父返新生路。余入居宅談笑一回，居夫人賞周亞陶以新台幣。晨新生報來，於覺灰移寺消息無

登載，而中央黨部派一吉卜車，穿白衣捧骨灰不合樣，夫人心不喜焉。夫人留我陪李翊民飲，余辭。余至梁家飯，以東江雞及蒸魚為美。遇何博士夫婦，何在陽明山醫院，其妻生於應縣，雙瞳如洋人。又遇王一厓，明年壬辰云余流年不利。復至朱鍾祺家飯，王豐穀胃潰瘍初愈，碧子食東江雞有味，王太太送來走油肉甚佳。八時回，思尋陳伯稼，感時晏天寒。自讀古人詩以改正己作，尚有一、二處未安，前為余是正文字者半歸泉下，思之悲愴。

12月15日　晴

晨李夢彪先生來，余方寫詩於鍾槐村先生冊子。既而姚味辛與龔孟希（浩）來候余，寫畢同乘吉卜至景美橋左灣，約二里至木柵鎮。槐村先生派人及貼路引，其所居在市後，向陽對山，頗有雅致。室中貼七十壽諸友壽詩，味辛又出新作沈成章七十壽五排一首，時陳含光、林烈敷、丁樹磐、趙炎午均已到。食包子後，余同丁、姚、陳坐車上指南宮，先過道南橋，方至山下，有售香燭者數家，含老休於升第一階盡處，坐石磴，倚檳榔樹納陽光，鍾世兄陪伊坐。余等經南薰亭，每三、四十步得一平坦路，神燈初為方正者，嗣為自然石者，余則愛自然石者。樹木每一節頗有不同，有桂樹著疏花，稍外則蘆花，花映太陽益白，與聖誕樹見太陽益紅同理。陂向左轉有一照相館，再入為平路，有鐵欄，上標白雲深處則為山神土地之廟。平望文山區諸山在煙靄中，過此則北上，削山為四梯道，余等自左梯上，見紅

樹五、六株，荷田已涸，再上則為半圓場，場外圍鐵
闌，可以望遠。余等自右入，轉正殿則為呂祖，余鞠躬
後拔籤，男科第四十二，云：

食停氣血鬱難行，腹脹痰涎濁不清，
靜養元神烹勿服，惟宜寡欲固精英。

　　真是有靈。轉右為女祈夢室，室外有新落成之大方
亭，後為山後坐峰樹木，防水堵及溝、石板地均整潔。
轉左為參議室，指南宮辦事處則為洋房，門扃未入。自
木皮廊再轉右，有麵店及住房數處，後有軍隊。余等
自前泥路下，則合於荷田處，時已將下午兩時，匆匆下
坡。余上山已贈一橘野童，其伴為之代袋，此橘野童不
信任，下山又贈一橘。廣東小孩兩人由同伴挈持下坡，
家人五、六輩皆大樂。下至陳含老坐處，李夢老來，同
坐車歸鍾宅，候周德偉、李漁叔、鄭曼青來方開膳，以
棗湯雞為佳。菜頗多，係鍾媳長沙女子所作，其子青年
黨國大代表，法國留學生，打雜孝親敬長，清算世界所
罕見也。四時半回城，於景美見天空一光蕩四面黑雲，
青山極美。入李向采宅臥，秀武購羊膏、燻腸款余，又
有蘿卜百葉絲、韭黃蛋皮，皆余所愛吃，極歡。夜飯後
即至陸家，京士明晨五時自東京返，迎之者已約一桌麻
將，作待旦消遣。余附陸太太赴紅樓車返寓，李涵寰、
吳瑞生來坐，余浴後即睡。含光先生見余詩，謂學韓昌
黎而能自然者。

12 月 16 日　晴　星期

　　晨錢探斗妹攜女黃曰昉未婚婿孫振東來晤，振東崇明廟鎮人，曰昉希望為謀一兼職或中央日報抄電報職務，略有積蓄便結婚，余言不必。錢去狄璉來，言軍中自殺者多，由於受氣及生活不平等。中午飯，劉鼎新住花蓮三月，前日返台北，今始與伊同飯，王契光亦同食。飯後臥，臥起至黃小堂家觀其孫女，爬久而坐。出，遇吳瑞生，知京士已返，正集同盟人譚話。余至王家、錢家各觀打牌一回，搭慶澤彬所駕吉卜至伯稼家閱考銓雜誌。成惕軒作沈成章七十壽言駢文，格不高。及伯稼返，閱其孝園年譜。六時半同劉蘅靜、仲經及仲經妹飯。山，觀狀元譜與紅娘在鐵路局禮堂，陪賀君山、柳克述、夏光宇諸人歡笑。紅娘過火、張生束褲、後臺為戲碼、前後琴師不隨、鐵鏡公主頗多問題，歐福松頗感頭痛。十二時散戲。

12 月 17 日　晴　陰曆十一月十九日，余五十八歲初度

　　起身後，秦啟文未洗臉上樓來賀。既而候佩尹來，余約伊作一五言詩，伊云自里昂與余以「結伴看黃葉」起句寫五言古詩之後，至今未作過。既而許師慎來賀生，入晚來者李向采全家。余參加公路黨部代表大會開幕，聽谷正綱、賀衷寒演講，在公園路上攝影。梁永章、張明知余生辰，合請余在三六九吃餛飩糰子。余歸食麵，秦企文所命備麵也，麵後睡。二時至中山堂，集會室未打掃乾淨，乃在餐廳別室開會，北大師生到者

一百六十餘人。余先講崔書琴報告平津教授受思想壓迫及北大近況，蔣夢麟說北大有被撤消可能，陶希聖說三十七年冬奉總統命入平請胡適之為行政院長，胡謂余任大總統或不至違憲與行政院衝突，行政院長則不相宜，但翁詠霓自跌傷之後不動腦經，不宜令任行政院長。至金圓卷失敗，有人謂翁宜辭謝，胡云翁必不知辭也。吳俊升在巴黎遇陳通伯、郭有守及蔡柏林，柏林娶婦，已生一子，其所研究□□部分，論學問資歷，柏林宜任院長，法人勸伊入法國籍，柏林不願。次譚伯英講航業及對外貿易之重要。乃飯，八元一客，尚佳，飯時夏光宇又講留學生內向如何引入問題。八時散會，余歸寓，孔凡均、虞麗芳來商證明書事。

余以先祖、先父皆五十七歲逝世，中懷悲慟，今日不欲宴客受宴，略有舉動以引悲端。今年又遭姊喪，此身飄蕩，上無蔭庇之者，二子從匪作文化工作，下無承業之人，雖在台灣，一身孤寄。比先父易簀時，見余兄弟自歐州歸國，綴英已懷公望在身，還覺不如。比祖考卒時尚屬小康，先父成秀才有望，亦覺不如。上海洗腦運動將及醫生及工商界，不知三、四兩弟精神受壓迫否。璜涇生活艱難，不知二弟生活能過得去否。二房諸姪男女衣食，姊既不在，何人照應。頤甥失母，奐甥在公，翰姪幾類打姪上墳一劇中之陳大官，昨晚劇場見之，不禁淚下。綴英孤寄南京，諒遭欺凌，其他親族，今夜燈前定然憶我。夢裡難憑，消息寂寂，睡前書此，誰知余難以為懷耶。

五十七歲生朝卻賀詩

從亡逢誕日，明發心不夷，
祖終五十七，父曾滾地悲，
父終五十七，號啕四孤兒，
季弟方折閱，七日甫結褵，
余歸偕三弟，歐洲久遠離，
侍親衹一月，人謂歸及時，
拮据謀附棺，有母作主持，
不及養而豐，詎可死待虧，
其時幸無悔，翌年喪聖慈，
姊更遇不淑，淚斑心畫錐，
悠悠廿五載，深慟每不支，
今朝逢母難，又值姊死飢，
重念父祖年，更痛時局危，
賀我增我悲，難禁雙淚垂，
多謝諸相知，飲食誠懇辭。

12 月 18 日　晴

　　昨晚北大校慶新聞惟中華日報登載，中央日報、新生報及聯合版皆不登。昨朱騮先擬停明年蔡先生誕辰之學術講演，余答伊並告董念堂持不可。朱曾與李濟之先生商北大自由學術空氣引起共產黨，與五四運動可惜不愛國兩說，使人氣餒。報館最為勢利，推牌九不壓死門，宜其不登載也。起身後粥，粥後至立法院，行政院追加預算，有人泥預算之名，有謂曾琦喪費不應列應免列者，有謂宜為改列者，有謂數字應列而附注刪去不宜

詳寫者，正喧攘間，余返寓。而聞謝仁釗被楊某以報紙
掌頰，會場秩序大亂，主席宣布提前散會。飯時有海帶
雞絲湯、紅蘿卜肉絲，飯後臥。臥起赴中改閱卷，鍾改
之所定處分較普通為重，谷正綱謂軍法與黨之處分，例
將作一比較研究。工作會議單身漢又提待遇不均問題，
不反攻不遭敵襲，吾人將不可共患難耶，思之悲邑。散
會，余至鄭家同味經走軍人貨攤，以五十元為秀武購
一四斤再彈棉絮胎，飯後送往，大呼白軟便宜。味經嫂
做餛飩，昨日所做之紅燒肉蛋款余。余語伊昨日生辰，
我不吃人人不吃我之故，並背卻賀詩，味經曰寫性情而
作詩史固佳，然不可多作也。

今午過友信書房，無意間得姜西溟湛園未定稿石印
本，中有一研齋詩序，云吳章得罪而門人不敢復名其師
說，張禹為相封侯，時人傳其論語章句而餘家浸微，文
字之聲價以勢利為盛衰，自古而患之矣。

12月19日　晴

晨甫離床，陸京士來晤，伊云美國人反共保台極為
一致，但於吾國政治，因消息極靈，故爾不滿民主及行
政效力極為注重，我人應自勉。京士此行接近美國民
眾，子斌說極有效。在美旅館每日五元，晨餐一元，午
飯、晚飯每頓兩元，則為每日十元。國內旅行頭等車與
飛機同價，價不便宜。伊帶來繆仁麟候余起居片。九時
赴預算第三組會，候開成即歸，寫賀年片四致謝次彭、
陳立夫、徐景薇及張靜江夫人。午飯後略臥，胡立吳來
送王為昭禮墊款，伊治病竟費三千元。出，送伊搭車尋

張星舫，余入中央黨部參加中改會討論幹部分子四條
例，通過二種。倪文亞報告省臨時參議會黨團幹事認米
價漲 6%，布價漲 50%，相差太遠，得紗得外匯者幾等
於憑空發財，宣傳文章與民間事實相差太遠，求中改約
主管人士澈底一譚。文亞與余鄰座，寫一條示余云「少
數人矇蔽多數人怨望，為解決問題不能顧住是非──此
乃由治到亂、由盛到衰之最大關鍵，大陸慘痛教訓即是
如此，今又何如乎」。余評幹部分子各條例為承認鑽得
位置，輕視落選分子，未得其人志願同意，所有辦法難
以實行，余堅主登記表須由幹部分子自己填寫。六時返
錦姪處飯，鹹菜、豆腐、肉圓、線粉湯，明孫坐車中，
常起立。飯後至向采家及中華書局小坐，晤凌、陳二大
人說笑。九時返寓，陳伯稼來訪，未遇。國大代表劉家
樹（醒之）、劉師湯（就五）來訪，未晤。

12 月 20 日　晴

　　傅孟真周年忌日。余八時許走泰順街轉溫州街，送
者已在傅寓門前。余入室，與何敬之、朱家驊、張道
藩、伍叔儻入供骨灰之室三鞠躬，乃由臺大學生捧骨灰
匣走新生南路入台大正門。送葬行列甚長，惟不甚整
齊，傅夫人且命不須樂隊。台大男女代表學生迎於門，
左折有綠葉坊，右折有綠葉坊，坊內則為女生宿舍，過
此則為植物園，今改稱傅園。墓為大理石櫃型，上蓋四
圍柱宇，環宇為園，今日搭二蓬帳坐貴賓。先安葬，次
家屬祭，次治喪委員會祭，祭後傅夫人與治喪委員合攝
一影。北京大學同學會祭時，蔣夢麟先生主祭，余與徐

芳陪祭，徐芳居左。禮畢，余自新生路弔邵天宜，與默
君夫人握手，夫人云天何此酷。見天宜婦抱去年所生子
於懷，且有遺腹子，不勝慘怛。歸中央黨部，中改議預
算，惟鄭彥棻爭之較力。回寓飯，飯後臥，臥起參加台
灣工人歡迎陸京士。余進糕果、香蕉後入女子師範，聽
董念堂講商朝制度文物，自甲骨文作研究。五時後入雷
家，與宋協理同飯，飲黃酒三盃。飯後即歸寓，汪竹一
來譚，袁永錫夫婦來還款，孫全杰來商二十八日蘇松太
月會事。午後呂松盛妻寶寶來商松盛易業頂屋事，余主
從緩。

虞麗芳投考聯合國兒童福利之前，曾託崇明人易典
謨向博愛託兒所弄一服務證件，所長吳梅魂知悉虞獲
取，則以為全靠服務證件而獲售，向內政部社會司呈明
其事。昨余已向康乃建請其照應，今晨又介虞往見唐
君。唐語余問題在博愛，見到了一定為老兄留心幫忙。
據麗芳云後我報名者皆毋須此類證件，孔凡均周到，故
生此枝節。

呂佩文先嫁某，生二子，離婚後自香港赴新加坡則
得假護照，案發被拘於香港，化去三萬港紙，幸於驅逐
出境前得釋出離境。伊與母為活，不得已行動如交際
花，在新加坡且為舞女，現來台擬謀事，為之謀入台證
者且向松盛借新台幣二千元。

在董念堂演講處遇北大文科研究員張敬女士，余不
之識。伊曰老同學目中無人，余曰何如是逼人，伊曰加
些刺擊，使你認識我。

12 月 21 日　晴，溫如春暖

晨及下午皆出席院會。晤羅衡，為臺北育幼託兒所募基金。院會討論四十年度追加預算，十一時返，略臥。基隆狄君毅來譚。飯後臥，無一人來，余尋虞麗芳捐託兒所基金。五時至居先生宅，今日四七，居夫人擬於百日（二月初四日）請吳國楨父為居先生成主。六時在朱鍾琪家飯，同沈君乘三輪車至車站，余抱居夫人贈 VO 一瓶歸寓。接端木愷賀年片。夜，樓下請客，演說前後時有拍手。余拉燈移床前，正欲閱自由談周君亮之捐夢記，周前撰小人物傳記白榮與明燕，榮為機關工人，燕為瀋陽三等娼，寫得動人。捐夢涉與表妹戀愛事，惟在西餐座攜燒篆字香未免太做作，以茶畫篆字香形已足回憶矣。余正賞玩時，余井塘上樓來譚，伊佩余之日記且愛毛邊十行紙。余略與譚虞麗芳事，伊已見到博愛所長呈控之件。

12 月 22 日　晴

天特暖。起身後，侯佩尹叩門送稿「學詞經過」，中有舊譯法文詩，佩尹皆默寫得出，殊非易事。余以稿送暢流，秦啟文歸飯云稿佳，送三百元。余喜而送至頂溪商立文處，佩尹未往，疑其往中瀝尋王平陵也。十時紀律委員會幸能開成，於鍾改之各處分略減輕，於未歸隊之人是否開除黨籍，諸人謂須研究。十一時歸，飯時菜始，味不見佳，洋蔥牛肉絲味淡而加芡粉，魚大而味不鮮，已無是處。飯後方祖亮贈余伊妻許建元與郡光合影，許明年二月將分免。飯前又有與陸子安相識之國

大代表□□□來坐，讀余詩。五時賀鳳蓀來坐，病後黑瘦，急欲售稿，掘強猶昔。五時半錢中岳來，同坐車送米、油、鹽及煤油與洪叔言，約星期一吃生日麵。既而到溫州街十六巷一號楊寶儉家，洪亦淵及子女、宋太太、張氏、二台籍台灣銀行女職員姓王（一名芳子，一名淑妍）同飯，菜病太多。八時電燈熄而復明，乃以車送各人回家。孫仁來，未遇。劉孟劬來屬為伊向胡適之先生接洽留美獎學金，或借與金十兩，余皆未允。曾虛白為項蓉請到聖約翰大學畢業證明書，余函請教育廳長陳雪屏早日核定項蓉之薪給。余書寫成，雪屏派沈同志來取，不知能早日辦就否。昨在豐穀處知沈階升患眼病，恐一目將失明，現正治療，余極憂之。下午曾約錢探斗夫人往游士林，未來。

路平甫自香港來，宿啟文房，謂上海人某到港不名一文，而用度闊綽，出版華僑天地，封面青天白日旗印得精工，其人頭銜稱暹羅曼谷各機關董事長等，香港政府之假護照即是人所為也。香港政府特設密探專查上海人，有案則先查上海人，凡不是廣東人，全為上海人，查出案來十有八九為上海人。

12月23日　星期　晴，夜微雨後陰

晨候姚愛玲久之，不至。至黃小堂家，其媳攜孫女歸寧。今日冬至，台灣人有拜拜也。余又至自由中國勞工同盟閒譚一回，飯時秦啟文、趙君夫婦攜二男一女，俞君夫婦攜一男同飯，共為大人八、小人四，十二人坐方桌，二大夾一小，余出酒兩瓶。飯後余得熟睡，起

身後坐車至博愛路淡江中學，崑曲同期唱花婆、藏舟、
罵曹各劇，天暗霏雨，漸漸走散。六時余同朱佩華乘三
輪至俞家，俞夫人自中央黨部婦女分會抽工夫回家，陪
余飲白蘭地一瓶，酒味頗醇。張振鵬、徐炎之夫婦、蔣
作民飲畢，唱彈詞至八轉，乃入褚小姐家觀妹妹跳舞三
回。余乃出，在中山北路遇盛小姐，送伊回寓。余乃步
回，過陳堃懷小店，已關門矣。凌銘贈余鯧魚二尾，余
未遇見。夜因多飲，睡眠不穩。崑曲同期遇雷孝實，伊
請于右任先生為綠凝館詩題簽，于先生見余題字，稱余
淡泊肯任重，為中央黨部祕書長之佳者。晨潘時雨來，
伊籬筐私售，高冠吾子指為貪汙，已起訴，以三千元保
出候訊，余語以辯訴及忍耐處世之道。潘曾入中統局，
識徐恩曾，云上海撤退時輪船遇火，行李盡失，幸眷屬
無恙。余正與潘譚話間，陳希曾上樓云伊子新自上海
來，炳弟寄口訊云生意尚好，惟弟名已列黑名單，千萬
不可寄信寄錢，阿嫂生活當為維持。醫生列黑名單者有
被派從軍之虞。

12 月 24 日　晴

晨攜鯧魚托中心診所薰煙，又至鄭家講今夜不往
飯，味經夫婦慰余勿因畫三來息不快。余入中改聽張道
藩文藝獎助報告，文人來投稿者兩年各約三千人，取中
後印刷，加添趣味日本文。美人將為譯印，菲律賓需要
歌詞甚殷，香港正在布置中，明年一月一日將發表。原
定總理誕辰發給之獎金，獎金之給予亦擬限於已得稿費
之件，因稿達三百萬字，閱覽者七人各一遍，不及如預

布之期揭曉。此會無職員，確是苦幹，道藩精神可佩。禮畢，同鄭彥棻、郭誠赴圓山紀念周。余到禮堂側，適總裁至，兩處遙相為禮。總裁在南方簡閱，曬得憔悴些，彥棻謂略肥。紀念周讀「改造教育與變化氣質」，總裁謂除四維八德共產黨所怕懼，餘均力量不大。又云我常說朱毛，而人見毛澤東今為偽主席，朱德位在毛之下，謂余說不確，不無誤解，朱德為蘇俄出力久矣。十一時散，總裁約立法委員黨部委員譚立法院事。余歸，切俞家牛肉，與劉、王兩局長對弈時吃，喜謂趙賢借壽，又攜牛肉請諸方姊弟食之。十二時就唐文和家飯，以蒸臘肉、蒸鴨、冬瓜拌雪菜為佳。同座徐中嶽言立法委員長於麻將者為習文德、竇子進、沈家杰、秦傑、徐君佩、錢雲階、龔聖衡、劉雲、楊公達、宋梅村、李毓華及中嶽十二人。此外同座為胡濤、梁世德及李君夫婦。飯後余擬入大有影戲園觀法國影片，未得伴，中止。至士林送侯佩尹款，侯已赴中瀝王平陵處，昨晚平陵到士林取萬年曆，佩尹在中瀝將為人推算八字耶。禮堂已布置聖誕樹，有聖誕花一百餘盆，星雪一景，居中紅燭無數。余入內參觀時，施紀言正照料一切，陽明山管理局長乃內務府長，而子仁與劉大悲為御花園園丁。今年葡萄柚一個也無，余又晤管理局總務科長薛建宗，伊謂可到陽明山服務處洗浴。六時到洪叔言家麵，晤俞醫生，余請其把脈看舌胎，伊謂現日甚好，不可多飲酒。歸途又至雷家，與王節如、李夢彪說笑乃返。

　　昨夜食肥肉，胸膈不舒，今後晚餐禁食肥肉，膽汁

過油易阻塞。聽路平甫自麻將桌歸來，與秦啟文久譚話，聖誕夜游行報佳音唱詩隊唱迎聖曲，女子高音兩次刺余倦耳，此外又有爆竹聲及犬吠。

12月25日　晨陰

食昨日雷家所得蘿菔絲餅，味平常。閱報記數則如下：

瓊花：揚州蕃釐觀之外，贛州舊道署內亦有一株，傳自揚分植。樹高出簷，清陰滿院，每歲清明前後開花，狀如繡球中聚八仙一種，大小如之。每一花外圍有形如秋海棠之小花八朵，每花五瓣，中心如金桂攢萃而成一花，花心有瓔珞，聚八仙無之。

武訓：共產黨清算武訓思想，因為一般勞苦大眾只有普遍被迫勞働參軍，而絕無知識修養可言，訴說武訓的罪過，藉以消弭人民對共產暴政的不滿情緒。

中共對胡適的思想清算：沈尹默、顧頡剛都曾在座談會上指摘胡適，頡剛且說胡氏是他政治上的敵人。

顧頡剛所撰寶鼎銘：於維總裁，允文允武，親仁善鄰，罔或予侮，我士我工，載歌載舞，寶鼎之獻，實于萬古。

自力決定生男育女：女子只有在排卵期短短幾天中才可以懷孕的，大抵來說兩次月經一起一止的中間三天為排卵期，性交在排卵期最後的期間多生男，此為美國杜克大學哈脫博士與毛迪博士之研究。

順化：為越南京城，今王保大名阮永瑞，城即為越裳
　　　古國所在地，距離西貢 1080 公里、河內 680 公
　　　里，為越南南北鐵路之中站。自西貢北上到藩
　　　切便入越中境，過歸仁後天氣較冷。市區面積
　　　約十平方公里，香河橫貫，有大鐵橋以通車輛。
　　　夏秋天氣晴朗，游艇如鯽，東門進城有啟定博
　　　物館，阮朝皇陵六座均在南郊，嘉陵清幽，明
　　　命寬廣，啟定華麗。

　　袁世凱稱帝至死：民國四年九月十六日北京發起全
國請願變更國體聯合會，同年十二月偽國民代表推戴袁
為皇帝，同月三十一日改總統府為新華宮，僭居皇帝
位，下令以明年為洪憲元年。其時雲南已於二十五日起
義討袁，五年三月廿二日下令撤銷承認帝制案，次日再
下令廢止洪憲年號，同月廿五日更將有關帝制之公文
八百數十件焚毀，袁仍以民國元首自居。義師不服，於
五月十五日十七省代表開會南京，繼續討賊。袁羞憤成
疾，六月六日死亡，醜劇閉幕。

　　上午未出門，黃曰昉來譚。下午孫仁偕其女友東北
人生長南京王姓者來，虞麗芳來送捐款。徐向行來求謀
事，伊用度不足，且與丹山朝夕相對，不免窮吵，因而
急於求事，開刀後常患腹瀉，不知何故。余因中央工
作會議，送伊至植物園，乃至中改。張默君來訪，譚老
遭大拂逆，自身亦不久人世，余勸慰之。工作會議論工
作同志過年補助及各省市同志九十人之年金，惟保險案
余以為必半途而廢，主張不辦。張壽賢、任卓吾亦不贊
成，而第七組意在有辦事成績，谷正綱認為保險是一政

策，卒仍通過舉辦。會時羅志希寫絕句四、五首示余，有新意而病在每句都用力。張壽賢語余，居夫人住屋余井塘已與吳國楨面談，絕無問題，又今日上午與楊亮功同去居宅，以中央黨部一萬元及正中書局四千元之中本存款單交居夫人，已蒙收下。五時余至鄭宅，同味經繞衣攤一周，無所得。夜食餛飩與飯。今日見鄭明白漆新房廚及五斗廚。歸寓得黃金疇信，章鶴年實授專員已發表。夜，陳嘉猷偕夫人瞿梅蔭來取育幼託兒所捐款 560 元。邱梁講錢召如上海臥汽車失財，請顧希平託陳大慶緝拿，及此次結婚沈鵬送兩份禮，不費一文之雅舉。陳出已九時，余頗疲倦。

12 月 26 日　晴

晨立法院會，三讀縣司法處條例及軍人結婚條例。下午三時人事會議，中改無空室，改星期六，余代李主任委員出席。四時理髮，五時至銅山街十二號監察委員黨部，房屋及庭園整理得清潔，原為鐵路局產，自行政院轉撥與黨部。北大同學韓克溫為幹事，交接極簡單。自改造交給正式黨部，改造之末監察委員之為黨員者為記名投票一節不願遵從，于院長用心調處，故正式黨部成立特遲，今晚交接。張壽賢來陪余，而副院長劉敬輿（哲）、院長于右任先生皆來臨陪余飲宴，兩老步履惟艱，情意極殷，敬恭將事，至足佩焉。余食四菜，飲遍兩桌，乃至浦城街，應鄒海濱夫人招，客為田伯蒼夫婦、張廣仁婦夫、錢劍秋、劉譜人、孫繼緒等，以鹹青魚老豆腐為佳。宴畢余送客乃歸，歸途曾邀陳堃懷來

玩，伊妻不在，未能離開小店。

今日為段書詒逝世三周忌日，余於上午八時往行禮，見段嫂子口南、女白蘭，有一子一女在美國留學，經費姊弟互助，次女在南京金陵大學習醫。諸友如李振東、賀其燊均來，譚三十七年書詒自南京撤，自檢文件，擲不可存者燒之，心境甚苦。其初本議由海軍艦直載來台，嗣又說船上不空，再議飛機至廣州，又不成，乃至上海，至上海兩星期而歿。書詒深相知余，伊死，脫離病軀苦境，而余頓失良友。民八五月五日早晨北大學生幹事會成，余不為主任或副主任，書詒曰君武為不管部大臣，任何一部分有事皆可策應。及書詒赴滬，而余益負重責。余迎蔡南下過上海，上海學生會開會歡迎，蔡先生回校任余及書詒皆研究員，支月薪四十元（？）。余在里昂，書詒來索食兩雞兩蹄膀，與章桐、葉石蓀、蔡威廉、唐學詠、黃繼興在羅馬土牆外土岡上攝影。同在中央黨部任事，余煩悶遭厄，必來慰余，引余為中訓團教育委員，教余在中訓團畢業，雖非余悉願，皆書詒所以拔余者，余不忍違其意，今日略與其子女言之。諸人擬先將各人所知事跡寫一手卷，以便余取材為書詒作一傳。陳辭修來，謂立法委員有要求月薪為二千元至五千元者，余謂無此遐想。又謂反對者祇十分之一，而餘人忠實不敢開口，余謂議會應留些反對之人。又謂說我違憲違法、貪汙無能，我相信我是不貪汙的，余曰自老百姓看政府總是有些貪汙。又舉文輩云「服從總裁我們還得做人，聽命於黨我人並非奴隸」是什麼話，余曰文輩何足道哉。大要陳誠喜聽一、二人之

言，不愜於心即舉以語人，不加翦擇，是居高位而度量
不弘。范苑聲與余同車歸，亦曰弔段何必說此耶。

12 月 27 日 雨

　　晨立法院會，葉公超報告外交。葉准九時到院，而
院議場人數不弘，宣布延會。葉走出門口，蹀躞走廊，
偶有一、二委員趨桌前與譚，亦有人認為不合式。此乃
房屋不弘，無人招待之故，及祕書長來與譚，方覺妥
貼。立法院宜有一曾任高官，本人淡泊，庶事洞明，而
各方關係多者，任為院長室祕書或專門委員支賓。余坐
至三刻乃往晤項蓉，伊自高雄來準備結婚，請假至一月
十八日。余入中改，在紀律會閱公文。上官俅因主撙節
汽油，而將意見不經核定逕通知祕書處，祕書處來聲明
且責此節。馮葆民又依據規定爭說可以，余刪去之。十
時改造會討論事項，列第七次全國代表大會組織綱要，
先將研究所得請示總裁後再議。陳誠報告，擬以鄭彥棻
兼僑務委員會委員長，趙琛為總檢察長，尹仲容為經濟
部長。鄭撝謙一陣而通過尹，張其昀謂有輕似本黨之
意。郭誠謂不輔助黨營事業，曾有齊魯公司向中信局基
隆分局商借與普通商人同樣條件之借款，而經手人遭尹
呵斥。張道藩說尹原名國容，是黨員，曾任教育部科
員，曾佐宋子文，個性倔強，目空一切。連定一則謂糧
價與紗價政策不同，擁護李連春則不宜贊成尹仲容。又
有人說宋子文卸任時，祕書每人分得汽車兩輛，而尹亦
受者之一。惟羅志希則自經濟政策立論。陳誠釋之云鄭
道儒倦勤，總統詢繼任者尹仲容何如，余乃擬尹，尹於

宋因思想不同而走開，此人能力甚優，於現局則打得開。其於人事牽涉每不之理，故攻之者多，但其思想與本人無甚出入。台灣事誠不能辭其咎，方南京撤守前曾云各區域自給自足，何應欽長行政院時，中央到台灣者甚亂，有中央管不到、地方不能管之象，所以設生產管理物資調節諸會。本人離台灣省政府後，不能即改機構，很多職權極亂，嗣乃議經濟動員局，而議復中止。至政策上不能貫徹，完全怪非黨員亦不盡然，紗布狠亂管制係行政院通過，尚有反對之者，反對者還是本黨黨員。其人為誰，蔣孟鄰知之最悉。尹現非本黨黨員，而誠則為本黨黨員，任用政務官須得本黨同意，諸君有意見可貢獻總裁考慮云。余意尹進擢太驟，繼道儒宜用平實而深切了解黨義者，今尹比道儒尤漠然，殆不可。至鄭彥棻之任用，何不待三月代表大會之後，拔去一立法委員而任一中改為官，皆非計之得也。十一時三刻，余歸寧園飯，飯後再往中改，則會尚未散，方討論楊覺天打謝仁釗案。余以陳成嬉戲之說作解，而諸人欲為立法院一申紀律，主交紀律委員會。余與倪文亞在車中云，改善立法院情緒宜分頭並進，自紀律單刀直入，且為屬於立法院院內應解決及立法委員黨部應解決之案，不甚能行也。未離黨部前，參加歡迎周宏濤自美歸來之飯，狀元樓叫來菜，惟雞湯尚熱外，餘均油膩已冷。周在美三月，飯後講美國推行社會資本主義，雖有大企業而股票散於民間，雜貨店老闆亦有某大王同樣之股票。又講美人於生產及服務兩者皆主自由競爭，無不精益求精，所發明者雖簡單毫無足奇，如鋁桶上障以橡皮布則可以

免銹，亦可專利，惟社會科學之進步亦嫌停滯耳。余回寓略臥，赴立法委員黨員大會，牛踐初主席。張其昀勸早通過預算，謂將執此以抵制敵國之讕言，再求友國之增援。說得誠懇。既而通過候補委員不補、遵照中央意志等案。余回寓，開燈書寫日記。到雷孝實家，李夢彪、朱世楷、項蓉均在，吃淡菜燒肉及八寶菜。孝實重訂詩稿，倩余作序。飯後余約趙韻逸之女赴立法院黨部晚會，余因人頭熟習略事招待，戲目為掃松下書、游龍戲鳳、鐵蓮花、清風寨、寶蟾送酒，以戴綺霞之寶蟾、李奇峰之李達為佳，惟生旦玩笑過於輕鬆，攜小兒來觀者於教育不宜。歐福松云戲目原已排好，中經改定，幾乎有兩齣荀派戲，而戴戲壓局，不願唱者居多。綺霞嗓不佳，以做工及時下道白引笑，余隨邵健工至化妝室，正值下裝，本相並不美麗。散戲已十二時。

12 月 28 日　晴

　　院會因預算趕辦不及，擬延至明年一月十八日。中午至公園尋留法比瑞同院人聚餐不得，余至台銀自由之家亦不得，空跑一回乃還。余祇在寓食半飽，嗣知在二樓，既無牌又無人照呼，余又問錯了，當然尋不到。下午向行來，同往紅樓參加蘇松太茶會，奚用之、曹佩蘅、孫全杰司月，陸京士報告游美觀感及於衣食住行，聽者極喜。黃君說書，因昨晚其甥抱病，未能到會，臨時改請張甫庭說七俠五義大鬧蕙芳園一段。其人曾住太倉瀏河北街，亦同鄉也。五時散，雨中同香伯回，伊見余桌上多舊書，勸余閱新書說新事，舉翰青先生年日高

而知日新為勸。余入居宅拜靈幃，今日已五七，居夫人
夢見居先生已聽見與人講話。居夫人留余酒，余飲威士
忌三盃，閱居浩然庭訓紀聞。乃至朱家飯，碧子媽在，
張君之所歡台女攜子並其妹亦在。飯後與沈、夏同出
門，余入師範學院觀劇。十二期受訓同仁同樂晚會，薛
冰起解嗓音窄，能高而抑，不能起彩，道白還合，惟貌
瘦，以擬在押之蘇三是或一合也。次關文蔚四進士，起
宋士杰做來滿身是戲，病後嗓音亦佳。曾虛白以車送余
歸，竭口贊揚關，餘角且亦相稱，惜丑角少耳。宋妻彩
旦不戮咊。在鐵路局福利委員會之徐□□在戲場晤余，
言國家及家庭之變，十五年來乃如夢也。伊譏胡香谷對
子女失教，第二子竟路斃，老大與老六幾以互訐漢奸而
涉訟，老七自幼不成器。余謂貽禍至今未已，伊佩服余
有決斷。

12月29日　晴

　　晨到立法院預算第三審查組略坐，領得下月歲公
費。回寓，下午四時人事審核會議，余二時半即往，在
財務委員會及祕書長室略坐，閱元和姓纂，狄氏得姓周
成王少子封於狄城，有云係周文王者。四時開會，吳國
楨亦來，為任用與黨齡限制及組織邊疆黨務計畫委員會
之人選討論甚久（總檢察王院長擬金世鼎）。散會後回
寓易衣，至李向采寓同秀武及岳、衡走四條通。余到陸
京士家，得贈品白羊毛內衣一件及假鑽石耳環一付，耳
環轉贈秀武，光亮如真。夜飯以花生、大腸湯、鹹魚蒸
肉及蝦仁豆腐為佳。飯後歸寓，陳堃懷來坐。余浴後即

睡，閱白皮書。

12 月 30 日　晴　星期

　　晨項蓉來，商在中央日報登結婚啟事，嗣來電話云來賓簽名須得紅紙，余出南京四象橋南王吉源所製紛紅印花梁公約畫菊箋，走請吳稚暉先生篆百年好合四字與之。十時衛國垣先生來，屬余作書陳百年先生，請求為伊作證之蔣丙然、柴春霖係北大教員。衛年六十八，對人云六十一，現為淡水港務局技正，胡次珊先生長校時，在北大為法文教員。飯後臥，天氣甚佳，樓下有台灣人結婚。余至五條通謁稚暉先生。三時半先生起床，目光不能遠，囑余行近，離伊三步呼先生始能辨。譚張靜江夫人紐約之房還差美金八千元，鄭毓秀、魏道明亦到阿拉圭，侯佩尹須得一就。立法院長有人擬及汝否，余曰問題太多，余不願為之也。出，至雷孝實寓，與孝實集崑曲句賀人結婚。六時至陳嘉猷家飯，邱梁、孫再壬、姚志崇與余共四人為客，以燒大腸、獅子頭及鹹肉豆腐為佳。志崇請觀顧正秋，余讓陳夫人。余歸鐵路局禮堂閱話劇大巴山之夜，以黃曼為佳。

12 月 31 日　晴

　　晨赴中改紀念周，已開始。余隨張其昀車至圓山，再做紀念周。總裁命人讀「時代考驗青年，青年創造時代」講詞，詞畢作歲終，勉勵數語乃散。余至立法院出席財政委員會，調整貨物稅歲入各數，潘士浩等曾子細研究。出，曾參觀華僑愛國影展。回寓飯，下午休息，

出購食物，西門町衡陽路皆售較貴之物，以陳皮梅一元
兩隻為最貴。余遇男張明，車送余回寓。余至迪化街購
蝦米等，探錦姪、明外孫。入中山堂光復廳，中改宴請
海陸空克難英雄及戰士三百餘人。聽張其昀、何應欽、
谷正綱演講，英雄答詞後，即到中華書局總管理處應姚
志崇招，以蝦餅、燒紅鴨及鹹肉菜頭湯為佳。余攜往秦
啟文西瓜一個，味佳。八時車回寓即睡。

雜錄

袁雍，高雄新興區新興里二十號。

陳敏（女），吳興人，三十八歲，南京女子專科師範畢
　　　　業，新運婦女工藝社技術課課員。

趙公權，逸生家寫字者，新運婦女指導委員會幹事，台
　　　　灣省政府新聞處課員兼事務股長。

Primaquine，浦里麻坤，為治瘧疾之新藥，能消滅藏在
　　　　各器官瘧蟲的效用。

汪漢滔，台北長安西路 106 號（事務所），通詢處中山
　　　　北路　段五十二巷五十號。

楊后谷，松江人，台北市內江街 122 號謙益貿易行。

徐穗蘭，浙江金華，廿四歲，台北第一女子中學高中
　　　　畢業。

段白蘭，書貽幼女，浦城街十六巷六號，四十年十二月
　　　　二十六日書詒三周設祭。

瞿梅蔭，陳嘉猷夫人。

楊博清，台糖企畫處副經理，漢口街一段 109 號，八
　　　　三一一－八三一九，直接四六六七。

凌普（同甫），武昌街二段一一八號，電話四六一〇。

衛國垣（心微），淡水中正路二四〇號，電話淡水七
　　　　十四號，港務局技正，淡水港辦事處
　　　　工作。

邱娜威、尹逸芳，中央黨部職員。

繆仁麟，Jen-Ling Miao, Chinese Consulate General, San
　　　　Francisco。

劉家樹（醒之），台北昆明街一三六巷二號。

謝壽康，妻袁榮福。

協進幼稚園，南京西路赤峰街十號，理事長林慎，園長
　　　　　關毓蘭。

雷震遠，Rev. Raymond J. de Jaegher, 2200 R Street N.
　　　　　W., Washington S.D.C., U.S.A.。The Cathotic
　　　　　Digest, 41E 8th Street, SAINT PAUL 2,
　　　　　Minnesota, U.S.A.。

龔浩（孟希），南京東路四十九號，電話七〇二六。

李向采，中山北投二段三巷二十六號。中山北路三段
　　　　　□□街二十二號。

孫振東（崇明），雅江街十九號。

黃曰昉，雅江街十一號。

林在明，沅陵街九號漢彌敦進出口行，電話三一〇
　　　　　八號。

呂松盛，杭州南路七十一弄卅四號。

陸長鑑，高雄市公園二路二十五號。

范祖淹，香港干諾道中十五號三樓。

黃金疇（子壽），省府人事室主任。

方哲卿，香英託為此人書件。

李欣遠，愛國東路 106 號，電話 7005、7015 轉。

陳鶴齡，潮州街 182 號，立法院簡任祕書。

蔡同方，泌尿科，上午十時至十二，重慶南路一段卅
　　　　　三號明華二樓，下午在中山北路廿六巷一號。

許以仁，建國北路九四巷七號。

呂松盛，杭州南路一段 71 巷三十四號，八一二一。

陳蒼眷，洪直晉同來。

杜維藩，住呂脫光兄府上，電話八二六四。

楊寶乾，溫州街十六巷十八弄一號。

鍾伯毅，木柵鄉木柵街一一九號。

中山堂三樓，電話 7944。

曹鳳美，佩珩姪女，台北縣成州國民學校教員，有弟
　　　　曹石和求入境。

施復昌（緯明），重慶南路一段 48 號，7111、7114。

譚訓聰，同安街四十一巷六號劉文騏家，內姪。

孟傳楹，上海路一段 21 巷 21 號。

狄瑣富（胥泊），苗栗某部聯長。

狄順慶，八十七軍中校工兵營長。

狄植民，彰化□□營排長。

汪養然，大道中 33 號二樓 107A 室，香港永康貿易行。

周頌西，中山北路一段長安東路十七巷一號。

姚江（宗海，海門人），士林福利里二百七十一號。

姜超嶽，中山北一段 135 巷六十一號（即八條通）。

季通，金門六五零七集一信箱。

狄企雲（字慕翔），中壢延平路第一五〇號。胥渚
　　　　　　　　（鎮岳）之子，母汪氏，兄企成、
　　　　　　　　企新、企良、企寧、企如。

俞時中，檀香山通詢，Dr. S. J. YOE, 1. Blaisdell Hotel,
　　　　R.200 1154 Fort Street。2. To Mr. T. H. Chow,
　　　　Chinese Consulate General, 1634, MAKIKI,
　　　　HONOLULU, T.H.。

潘壽民，調景嶺營四區流浪書店。

侯雋人，高雄新興區林森橫路五十六號。

梁慧義，適潘時雨，三十八歲，青浦蟠龍小冬圩人，
　　　　基隆仙洞港務局新宿舍六十五號，總務組管理
　　　　員。姊婿狄企成，中山四路「八十一號徐志
　　　　英」四十五號之三。

張沅耀，信陽街十五號，益祥輪船公司，8778。

朱叔子先生之子（十一月四日朱大鈺來講）：
　　　　　　　企郭（三房）五男一女。
　　　　　　　玉年（大房）領一女可久，卅八年小年
　　　　　　　夜過世。

朱筑風子女：朱大鐵，姊大鈺，母王氏，忠孝路一段
　　　　　　四十六巷七弄九號藝華。朱大錕（大），
　　　　　　朱大鋮（老三），顧雪衣女為朱大鈞妻。

戴恩沚，中山北路二段 27 巷二號，7327，晚間常在。

俞時中，Dr. S. J. Yue, To Mrs. C. K. CHANG, 32 FANEUIL
　　　　Place, New Rochelle, N.Y., U.S.A.。

潘公展，Mr. Y. Y. PAN, 190 Riverside (Apt. 1 W.), New
　　　　York 24, N.Y., U.S.A.。

陳立夫，Dr. L. F. Chen, 185-32, HILBURN Ave., Hollis L.
　　　　I. (Long Island), N.Y., U.S.A.。

賀遂初，湖南省黨部委員，仍由張雲漢同志轉。

C52 狄君武中本存摺 10%　鍾鑑戶

卅九年 八月十日 收新台幣一萬元，月息按 7.5% 計算。

　　　　九月十日 收息七百五十元，付二百五十元，結
　　　　　　　　存一萬○伍百元（改按 10% 計算）。

　　　　十月十日 收息壹千○五百元，結存一萬一千伍百
　　　　　　　　伍拾元。

　　　　十一月十日 收息入一千一百五十五元，結存一
　　　　　　　　萬二千七百另五元。

　　　　十二月十日 收息一千二百七十元伍角，結存一
　　　　　　　　萬三千九百七十五元。

　　　　十二月十日 付新台幣一千二百七十元伍角，結
　　　　　　　　存一萬二千七百○五元。

四十年 一月十日 付息一千二百七十元五角，扣繳所得
　　　　　　　　稅三十八元一角二分，結存一萬二千
　　　　　　　　七百另伍元。

　　　　二月十日 付一千二百七十元○伍，還稅三十八元
　　　　　　　　一角二分，結存一萬二千七百○伍元。

　　　　三月十日 付息一千二百七十元伍角。

　　　　四月十日 付息一千二百七十元五角。

　　　　五月十日 付息一千二百七十元五角。

　　　　六月十日 付息一千二百七十元五角。

　　　　七月十日 付息一千二百七十元五角。

　　　　八月十日 付息一千二百七十元五角。

　　　　九月十日 付息一千二百七十五角五角。

　　　　十月十日 付息一千二百七十元伍角。

　　　　十一月十日 付息一千二百七十元伍角。

結存壹萬二千七百另伍元，付還
新台幣伍元。

十一月三十日 收息九百三十八元一角六分，扣
利息所得四百四十七元四角。加
本三百元為一萬三千元，尚餘一
百九十元〇七角六分，加前還另
五元則 195.76。

C11 膺記中本存摺 10%

卅九年 十月三日 收新台幣六千元。

十一月三日 付息六百元，結存六千元。

十二月三日 付息六百元，結存六千元。

十二月三十一日 收二千元，付二百元。

二月三日 收息一千四百六十一元三角，結存
九千二百六十一元三角。

三月三日 收息九百廿六元一角三分，又借入一
千八百十二元五角七分，結存一萬二
千元。

四月三日 收息一千二百元，借入四千二百元，
結存一萬七千四百元。

五月三日 付息一千七百四十元，結存一萬七千
四百元。

六月三日 收息一千七百四十元，付還一千一百
四十元，結欠一萬八千元。

七月三日 收息一千八百元，借入二百元，結存
兩萬元。

八月三日 付息二千元，付還新台幣二千元，結欠
一萬八千元。

九月三日 收息一千八百元，付還八百元，結存
一萬九千元。

九月十二 借入新台幣一千元。

十月三日 收息一千九百陸十五元六角一分，合為
兩萬一千元。

十一月三日 收息二千一百元，付還新蛋幣一千
一百元，結欠二萬二千元。

十一月三十日 收息二千一百三十八元四角五分，
扣利息所得稅五百六十六元一角五
分＝1572.30，加 190.76 加 1300 元
加 936.40 ＝4000，合二萬六千元。

民國日記 105
狄膺日記（1951）下冊
The Diaries of Ti Ying（Diffoutine Yin），1951
- Section II

原　　著　狄　膺
主　　編　王文隆
總 編 輯　陳新林、呂芳上
執行編輯　李佳若
封面設計　溫心忻
排　　版　溫心忻
助理編輯　詹鈞誌

出　　版　開源書局出版有限公司

香港金鐘夏愨道 18 號海富中心
1 座 26 樓 06 室
TEL：+852-35860995

民國歷史文化學社 有限公司

10646 台北市大安區羅斯福路三段
37 號 7 樓之 1
TEL：+886-2-2369-6912
FAX：+886-2-2369-6990

http://www.rchcs.com.tw

初版一刷　2023 年 11 月 30 日
定　　價　新台幣 420 元
　　　　　港　幣 115 元
　　　　　美　元　16 元
Ｉ Ｓ Ｂ Ｎ　978-626-7370-11-7
印　　刷　長達印刷有限公司
　　　　　台北市西園路二段 50 巷 4 弄 21 號
TEL：+886-2-2304-0488

國家圖書館出版品預行編目 (CIP) 資料
狄　膺　日　記 (1951) = The diaries of Ti Ying
(Diffoutine Yin), 1951/ 狄膺原著 ; 王文隆主編 .
-- 初版 . -- 臺北市 : 民國歷史文化學社有限公司 ,
2023.11

　　冊 ;　　公分 . -- (民國日記 ; 104-105)

ISBN　978-626-7370-10-0　(上冊 : 平裝). --
ISBN　978-626-7370-11-7　(下冊 : 平裝)

1.CST: 狄膺　2.CST: 立法委員　3.CST: 傳記

783.3886　　　　　　　　112014613